金牌的代價

歧視、飲食失調與自我懷疑，女性運動員的身心危機

The Price She Pays

Confronting the Hidden Mental Health Crisis in Women's Sports—from the Schoolyard to the Stadium

凱蒂·史提爾
Katie Steele
蒂芙妮·布朗
Tiffany Brown
艾琳·斯特勞特 著
Erin Strout
林柏宏 譯

獻給我的家人。

你們是我的生命力量，是我的至愛。

——凱蒂

獻給我的奶奶和爺爺，

你們無條件的愛給了我無法言喻的深深滋養。

也獻給塔圖姆，風越強、樹木越堅韌，永遠敬畏我們深厚的根基。

——蒂芙妮

獻給世界各地的運動員們。你們付出最沉重的代價。

希望你們都能找到回歸自我的道路。

目次

作者聲明

本書主要是講述女性運動員的親身經歷，以及她們所承受的心理健康問題，當中涉及到種族和膚色歧視、厭女情結、異性戀霸權以及性別偏見。這些女性分享了她們沉重的個人經歷，包括受虐、創傷、自我傷害、物質濫用、心理健康症狀以及自殺念頭。有些受訪者同意公開名字，但也有些人要求匿名。為了保護她們的隱私，我們會使用化名並更改可能會暴露身分的背景和細節。

我們在行文時會用到女孩、女性等詞，不過我們亦明白性別光譜的多元性，也尊重自我認同為女性的男性。但目前體育界仍是以女男二元分野的體制在運作，關於多元性別運動員的故事最好由這個族群的成員來講述，以彰顯這些故事本有的正當性。本書所收錄的，是我們有把握能正確講述的個人經驗。我們也知曉人們對於女子運動的各種觀點。無論運動員的性別認同為何，我們期待有一天所有的運動員都能獲得包容。

我們也了解，除了父母外，有些孩子的照顧者是祖父母、養父母、親友或監護人。雖然書中不時談到父母的角色，但其論述也適用於其他照顧者。

我們相信女性的力量，只要她們有權講述自己的故事，訓練和競賽體系就會產生變化。本書所提及的故事涵蓋了不同的國家、宗教、種族、經濟階級、性別認同和自我認同。書中的故事皆有所本，包括以當事人的醫療紀錄和其他資料為佐證。

前言

作者的故事

這一切始於二〇一四年的飛輪課。我們每次上完課都會在奧勒岡州尤金市的一座停車場碰面，聊聊我們為運動員做心理諮商時，各自所感受到的沉重心情，尤其是在這些年輕人要退出體壇的時候。他們面臨生活的重大轉變，對過往的經歷也還有很多情感。在飛輪課後的一次次談話中，關於運動員心理健康的發展模式逐漸浮現，我們開始明白，必須細究體制性的虐待和剝削，還有種族和性別上的歧視。

二〇二一年秋天，凱蒂開始重新回顧她的痛苦經歷，那時她是全美大學體育協會（National Collegiate Athletic Association，簡稱ＮＣＡＡ）的第一級田徑運動員。她收集了那段時間的醫療記錄，跟以前的教練和隊友聊了聊，還記下自己的回憶。這些年與更多運動員交流後，我們發現，無論是在什麼級別的比賽，許多人都有和凱蒂相似的經歷。為了改變那些體系、支持女性運動員的心理健康，我們一定得說出這些親身經歷的故事。本書就是經過十年努力的成果。

凱蒂的話

運動對我來說，一直是與人連結的橋樑。在與爸爸一同晨跑的那些清晨，我與他討論價值觀和世界觀，也分享自己的喜怒哀樂。這不僅加深我與爸爸的關係，也讓我更了解自己。我住在奧勒岡州時，最喜歡的家庭活動就是每週的「高峰之行」，那時候我們全家四口，我、媽媽、爸爸和姊姊，會一起造訪附近的名山勝景。戶外探索成為我生活的一部分，我也意識到，與自己所愛的人一同運動，那種感覺多麼美好，而我的身心也跟著轉化。

進入高中後，我參加過社區的田徑比賽，也踢足球、打排球和籃球，但最喜歡的還是跑步。升高三的暑假，我接到電話與來信邀約，教練告訴我，將有機會能在自己選擇的大學跑步。大學招募活動已經開始，我滿腔的熱情正轉化為眼前觸手可及的機會。

我一直是個自動自發、努力積極的孩子，所以很慶幸在人格形塑期，於家人、教練與隊友陪伴下，享有舒服而無壓迫感的成長環境。最重要的是，我以樂趣和成就感為標準，依照自己的步調循序進步。有幾位教練信任我、不在意成績，所以我們彼此維持健康良好的關係。就算沒有外在壓力，我也會嚴格要求自己。他們尊重我，將我視為完整的人，而不只是一名運動員。這樣的氛圍產生良好的效果。高中時期，在一千五百公尺與三千公尺的項目中，我的成績是奧勒岡州的前三名。我還在二〇〇三年的奧勒岡田徑越野賽中拿下高中組冠軍。

NCAA的教練前來拜訪後，我就去參觀校園，並獲得全額的獎學金。我早早就決定去奧勒岡大學就讀，但不是出於該校在田徑運動的輝煌歷史，而是因為瑪妮．梅森．賓尼（Marnie Mason Binney）在該校執教，有她在就令我放心。她是我高中一年級時的教練，後來轉到奧勒岡州的官方教練團隊。我信任她，而她也很了解成長中的年輕運動員有何需求。她給了我確實的連結感。

到了尤金市之後，我發現訓練過程與當初報名的大不相同。隊友們老是互相較量，爭奪名次。我感覺到隊上有某種飲食的潛規則，我能吃什麼、在什麼時候吃，都得經過允許，當然也不能自行決定吃多少。根據測量結果和外貌觀察，指導員會告知某位隊員要減肥，但不會教她如何吃得健康，反正成績才是最重要的。我為了群體情誼而投身這項運動，但如今只剩緊張、困惑的心情。我和室友都很不安，一方面不知道該保持哪樣的身材、該吃什麼，也不知道自己在團隊中的定位為何。教練和醫護人員用卡尺仔細測量我們背部、手臂和腹部的脂肪，令人感到非常焦慮。到了冬天，有幾名隊友被除名，包括我的室友，所以我也失去了一位盟友。

在我大一學年結束時，瑪妮辭去了教練職務。直到十五年後，她才告訴我，那個教練團隊醞釀出一種有毒文化，而她自覺無法在其中保有真誠和正直。她的主管曾在海沃德體育場的看台上指指點點，要她「將那群肥豬和肥牛減重除油」。開會時，他還稱運動員為「臭娘們」。瑪妮記下這些對話並向體育總監報告。十多年後，我才終於明白訓練過程為何與我預期的天差地別。

二〇〇五年，新的教練團抵達尤金，其中非正式的成員包括現在已名譽掃地的阿爾貝托・薩拉查（Alberto Salazar）。他之所以加入團隊，是因為他的門生蓋倫・魯普（Galen Rupp）已被招募，要披上奧勒岡大學的鴨袍參賽。當時我們都知道，魯普長期以來受薩拉查指導，所以兩人一定得同時入隊。我的新教練是年方二十四歲的莫里卡・鮑威爾（Maurica Powell），並負責向總教練梵・蘭安拿（Vin Lananna）匯報訓練過程。奧勒岡大學的網站上寫道：「蘭安拿肩負重責大任，要會為奧勒岡州的田徑領域創造願景，歷史悠久的海沃德體育場也將成為這個國家的田徑運動中心」。[1]

許多朋友都對總教練蘭安拿的評價很高，我很高興有機會和他一起訓練。儘管我努力鍛鍊、贏得讚賞，也在那個秋天表現出色，但賽季末卻出現問題。我無法發揮全力，於是向教練尋求幫助。如今我才知道，當年的症狀是起於運動相對能量不足（RED-S），也就是說，熱量攝取不夠，身體的營養需求沒有獲得滿足，導致閉經和骨質密度降低，進而容易受傷。我也告訴一位教練，我月經已經幾個月沒來了。得到什麼回應呢？「那太好了，那正是我們希望妳達到的體脂標準。」當然，我的表現開始下滑。也許教練無法或不願意了解我的痛苦掙扎，所以他告訴我，不必來參加訓練，自己準備好了再來參加比賽。

從某些方面來說，既然我決定成為NCAA的一級運動員，就註定會有不祥結果。我總是超速運轉，訓練時必定竭盡全力。我老想著要不惜一切代價，盡一切努力去達成目標。事實證明，代價相當高。現在我明白了，這些都是優秀運動員共有的特徵，只要加以引導，便可轉化為賽場上的巨大優勢。若教練無情地藉此折磨你，你的運動生涯也就毀了。

我把問題往自己身上攬，認為失敗都是自己的責任，沒有達到原先入隊時眾人期待的標準。二〇〇六年春天，在我最脆弱的時候，薩拉查提出了解決方案。他介紹我去看休士頓的內分泌科專家傑佛瑞·布朗（Jeffrey Brown），而後者診斷出我有甲狀腺功能減退症，所以才會有體重增加和疲勞等問題。那時我才二十歲。布朗醫生開立處方，給了我希望。薩拉查是實力超強的精英教練，再加上醫療專家的支援，我因而感覺自己受到傾聽與重視。

在此之後，我經常突然暈倒，有次被送到急診室檢查後，才被診斷出患有醫源性甲狀腺功能亢進症。這件事我一度忘了，直到二〇二一年我開始調查自己的病史時，才又想起來。

奧勒岡的急診室醫生和內分泌科醫生立即請我停止服用甲狀腺藥物，兩個月後我的甲狀腺功能才穩定下來。不久之後，不知怎麼地，我還是選擇信任薩拉查和布朗醫師，又開始服用甲狀腺藥物。我覺得他們更了解我身為運動員的醫療需求。但藥物對我的表現沒有助益。在絕望、挫敗和疲憊的情況下，儘管還有兩三年的受訓資格，我還是退出了田徑隊。薩拉查想給我機會，讓我加入他的職業田徑隊「Nike奧勒岡計畫」，但我拒絕了。我想在ＮＣＡＡ的校隊完成大學學業，所以薩拉查幫我轉學到佛羅里達州立大學。

我最終加入了新的訓練計畫，新教練很快就增加我的里程數。即便受傷了，我也無法獨自退出。雖然腳部發生過應力性骨折、腳踝的肌腱也曾撕裂，我還是設法盡早畢業。在這段時間，我與薩拉查和布朗醫生仍保持聯繫，而且就算我已不再參加高階賽事，他們仍然在療程中採集我的血液樣本。我的丈夫亞當如今認為這種做法很可疑。他曾是ＮＣＡＡ田徑項目的金牌，也當過五年的職業田徑運動員，所以非常清楚競賽場上有多少選手在濫用興奮劑。真希望我當時也有這種警覺。我也開始相信，他們正在進行一項大型實驗，而我是測試對象。他們想實驗反運動禁藥機構未禁止的處方藥，所以才調整我的劑量並追蹤我的體重變化，以確認理想的新陳代謝和減肥效果。因此，雖然他們不再是我的教練，但仍繼續記錄我的血液檢驗結果。

幸運的是，奧勒岡的內分泌科醫生保留了我的體檢記錄，因為當我在二〇二一年開始調查自己病史時，布朗醫生的辦公室卻表示沒有我在那裡就醫的紀錄或文件。

二〇一五年，美國反運動禁藥機構（United States Anti-Doping Agency，簡稱USADA）開始調查薩拉查和布朗醫生；有幾名參與Nike奧勒岡計畫的運動員和員工透露，這兩人會勸選手服用沒有處方的藥劑，包括甲狀腺藥物。二〇一九年，USADA認定薩拉查和布朗醫生「策劃並唆使他人使用違禁的興奮劑」，必須禁賽四年，但他們的醫療行為卻未被懲處。[2] 薩拉查的違規行為還有販賣睪固酮以及篡改興奮劑的檢測過程；布朗醫生則篡改病歷、非法使用左旋肉鹼，也販售睪固酮。儘管受到裁罰，布朗醫生仍然保有醫師執照並繼續執業。

二〇一九年，前田徑明星瑪麗・凱恩（Mary Cain）公開爆料，自己在二〇一三至二〇一五年間參與Nike奧勒岡計畫時，薩拉查是如何虐待她。[3] 薩拉查要她在隊友面前量體重並批評她的身材，還要她服甲狀腺的處方藥來減重，結果瑪麗罹患了憂鬱症、出現自殺念頭、發生五次應力性骨折並且長達三年未有月經。二〇二一年，基於身心所受的創傷，她向Nike和薩拉查提起訴訟，要求賠償她兩千萬美元。兩造於二〇二三年十一月達成和解，但條件未對外公開。

二〇二一年七月，由於多人指控薩拉查的不當性行為，美國安全運動中心（US Center for SafeSport）嚴懲薩拉查，禁止他終身不得指導美國田徑運動員。世界田徑錦標賽的銀牌得主卡拉・古徹（Kara Goucher）過去也是Nike奧勒岡計畫的成員，她後來在回憶錄中透露，薩拉查曾趁著按摩時對她性騷擾。[4]

每次讀到這些類似的新聞故事，我都會停下來深思。我寫信給當局和其他能理解我的經歷和見解的相關人士，也想探詢更多往事來拼湊個人的回憶。可是我從未收到回覆，只能默默封存這些經歷，並專注於當下的生活。

二〇一四年，我二十八歲時，生殖科醫生告訴我，我的甲狀腺雖然過去接受過治療，但當時它根本沒有問題，就像奧勒岡急診科醫生的判斷一樣。儘管如此，我現在還是得每天服用甲狀腺藥物，因為身體必須依賴它才能正常運作。我的下半輩子已擺脫不了它。

我仍然無法釐清，我的健康問題究竟是不是當初接受布朗醫生的「治療」所造成的。但我花了十多年的努力才意識到，當年身為運動員所受到的虐待是什麼。

如今，我是一名通過認證的婚姻與家庭治療師，也在奧勒岡州本德市（Bend）開設心理健康診所「心榮茂」（Thrive Mental Health）。我還創辦了非營利組織運動員心理健康基金會（Athletes Mental Health Foundation），以傳播更多運動員的故事，並為家長和教練提供心理健康資源。更重要的是，我是一位母親，三個孩子卡姆登、布魯克和嘉文是我的活力泉源，也構成了我的世界。我希望青少年能在運動中提升自我，並把它當成一輩子的興趣。我也知道幫助年輕的女性運動員是我的使命，那也正是當年的我所需要的。我努力不懈，希望提高大眾對這些問題的意識，並把心理健康的方法融入體育運動中，來防止年輕人承受不必要的痛苦。

多年來，我不斷談論、深入思考自己的經歷，才明白自己當年所受的遭遇並非個案。我分享自己的故事和專業見解，是為了給家長、運動員和教練帶來支持及希望。無論是從事哪種運動、在哪個競技層級，我們都能獲得健康、快樂的運動生涯。

蒂芙妮的話

坐在爺爺的腿上，花上許多小時，一起看拳擊賽、足球賽和高爾夫比賽，我與運動的最早連結是在這樣的時光中鎔鑄而成。對我來說，爺爺有如父親一般。我們在一起享受運動賽事的點點滴滴。他喜歡教我相關的知識，包括比賽的規則和策略，我很愛學習，也想盡可能多和他膩在一起。在成長過程中，運動串起了我們祖孫倆的情感。

我記得奇奇．羅德里格茲（Chi Chi Rodriguez），他贏過八次美國職業高爾夫球巡迴賽冠軍，他的魅力以及對運動的熱情深深吸引了我，尤其是他每次推桿進洞後的慶祝動作。回頭看，我對運動的喜好，就是從為爺爺喜愛的選手和球隊加油開始，雖然以前運動界都是男性主導的。我房間的牆上貼著「俠客」歐尼爾的海報，我也是波特蘭拓荒者隊的死忠球迷。我不記得小時候看過的比賽是否有女性運動員，但爺爺從來不在意我是女孩，在他的啟發下，我進入了這個傳統上由男性主導的世界，而我也在其中找到自己的位置。我們每個週末都會通電話，通常是聊奧勒岡大學鴨隊的成績，近年來也會聊WNBA的明星球員。

但除此之外，我的運動經驗就很貧乏。許多家庭會全家一起去公園丟棒球、打籃球或網球。雖然我沒有這種回憶，但還是對排球和籃球產生了興趣。說實話，運動對我來說像避難所，放學後跟同學練球我才不會感到孤單，否則家裡常常只有我一人。運動讓我與大人和其他孩子互動、相處，是我與世界連結的方式。而且說實在的，這方面我還挺有天分。

今日許多家長都會積極參與孩子的訓練課程，包括投入大量的時間和金錢在交通、教練和裝備上，我認為，某些孩子的優異表現是源自於家長或老師的人脈與資源。但我在經濟上無法負擔外出比賽和額外訓練的費用，還得設法找到交通工具和借用裝備。儘管如此，我在中學時還是全力以赴、成為好隊友並貢獻自己的價值。搬離學校附近後，為了留校練球，我得想出許多變通辦法。有些朋友會好心載我回家，但要配合練習的時間表越來越難。即使我對運動充滿熱情，但交通和後勤的問題不是我能解決的。

我需要更多大人的挹注和支持，才能在排球和籃球場上發揮實力。於是，我轉而對一些比較能自立自強的活動產生興趣，尤其是演講和辯論。演辯社的教練達芙妮・史特茲（Daphne Sturtz）發現我天賦不錯、鼓勵我入隊，而我也被其中的競賽氛圍所吸引。史特茲老師個性積極又正向，不但很會鼓勵人，還對學生投入很多心力。我原本對加入辯論隊還有些擔心，但在她的帶領下，我一路走到州錦標賽。今天我對教學的熱愛，正是源自於學會了如何在眾人面前講話。

有一場演講我獲得了很多獎項，主題是一九九六年奧運體操選手凱芮・史楚格（Kerri Strug）的故事，她是當年美國體操隊的「七劍客」之一。在團體比賽的最後一輪跳馬項目中，美國的分數領先俄羅斯，金牌就快到手了。凱芮是最後一位跳馬選手，但她摔倒了，腳踝嚴重受傷；如果她第二次表現不好，美國隊便會失去金牌。她已經受傷，但教練貝拉・卡羅里伊（Bela Karolyi）仍叫她上場。她為了團隊硬撐住自己，完成第二次動作後便站不起來。貝拉將她抱到頒獎台，然後才送她到醫院；她的傷勢是足側三度扭傷和韌帶破損。

當時，凱芮的表現被譽為英雄般的壯舉，是運動員的堅韌典範。但我在演講中表示，她在重傷的情況下被迫上場，這非常不公平，但她沒有選擇的權利。教練卡羅里伊記得當天他跟媒體說：「我對凱芮說，妳一定得上場。這是千載難逢的機會，如果是我，就算是腿斷了我都會上。我願意付出一切。這可是金牌。」5

我在演講中批評道，年輕女孩無法為自己的健康和職業生涯發聲，這是有問題的。這位世界著名的教練大權在握，並從自己所執教的團隊中獲得名利。我的直覺告訴我，當時在電視上看到的情況是不對的，儘管我尚未理解這背後有多少層剝削關係。我點出當中的權力運作，並呼籲運動迷們調整對運動員的期望。當時我並不知道，這場演講預示了我職業生涯中將面對的種種挑戰。

今天，我是奧勒岡大學獲獎無數的資深教職員，除了負責伴侶與家庭治療碩士課程，也是領有執照的婚姻與家庭治療師，並在學校附屬的HEDCO診所擔任健康關係中心主任。作為該課程的臨床總監，我指導研究生，幫助他們成為合格的心理治療師。我的目標是讓新進的臨床工作者像我一樣熱愛這個領域。我也很清楚，自己是享有主流身分的白人女性，比他人獲得更多特權與地位。

不管是與學生交流或規劃課程內容，我都考量到他們的學業表現及其他生活層面。就像教練一樣，我的責任是理解每位學生的獨特需求並做出調整。這並不是給予學生捷徑或降低標準，而是尊重每個人身上的重擔；只要師生一起合作，就得以教學相長。

在臨床工作中，我所面對的個案中不少有自我傷害、憂鬱、創傷、藥物濫用等問題。我當過大學運動員的導師、體育界的心理健康顧問，也曾擔任運動員心理健康基金會的科學顧問。從專業的角度來看，心理健康上有需求不代表這個人「有問題」，而是得全面理解他的背景。舉例來說，面對憂鬱症患者，我們勢必得探索他的人際關係和經歷，才能理解他們的處境。

於是我開始思考，若能放眼全局，就會發現運動員的心理健康問題背後有一個有充滿剝削和性別歧視的體系。從這個角度來看她們的故事，就會發現當中有更多層次，也更能理解，改變不是一個人的工作，而是整個運動社群的責任。

在職業生涯中，我與相當多的運動員交談過，也不斷聽到他們提到，在訓練和比賽的過程中，他們完全沒有機會來討論自己的心理掙扎。我知道，大多數的體育單位都沒有足夠的預算來雇用合格的心理健康專業人員。令人沮喪的是，這就是預算分配的實情，就算是收到外界的捐款，主事者也不會把錢花在這上頭。在我帶領的訓練課程中，不少教練和工作人員總是信誓旦旦地說：「隊上沒有心理健康問題，大家狀況都還不錯。」這是不可能的，就像球隊裡面一定會有傷兵。有些人承認問題存在，但不知道該如何給予幫助。從我的經驗來看，球隊跟教練團確實缺少大量的心理健康專業人員。

我的熱情正是在這些時刻被點燃了。運動員繼續承受痛苦，而主事者只想採取最低限度的介入手段。女性運動員依然被誤解、接受不公平的待遇。我來到這個十字路口的路徑與凱蒂不同，但我們還是走到了同樣的地方，擁有相同的目標和願景。我們希望為女性運動員打造能提供支持的健康環境，在有助於成長的教練團和訓練體系中充分發揮能力。我們可以盡一份力幫助運動員，而不是毀了他們。但前提是，這整個體系必須認知到自己的權力，並為心理健康留出討論的空間。

第一章

符合女性需求的運動環境

創造環境，讓女性運動員有邁向成功的起點。

七歲的蒂根很清楚當「第一名」是什麼感覺。她熱愛足球，一聊到自己在球場上奔跑、進球時，口氣中流露著全然的熱情。蒂根在一年級時就已許下願望，將來要成為「全明星隊」的成員。蒂根解釋說，對於小學生而言，這就意味著必須「贏很多比賽」。

七歲女孩有這樣的志向不好嗎？女孩們都看到美國女子足球隊獲得多少讚賞、尊重和人氣，除了贏得世界盃和奧運獎牌，她們還為自己的技術和才華爭取到公平的薪酬。女孩們看到可可．高芙（Coco Gauff）在美網屢創佳績，或透過電視轉播為自己喜愛的ＷＮＢＡ球隊加油，這些情景在十五年前都是不可能出現的。二〇二一年的東京奧運會也以女性為焦點。包括體操、游泳和田徑項目，美國隊在夏季奧運的女性選手比男性還多四十五位，而全隊獲得的獎牌有將近百分之六十都是她們贏回來的。[1]

在許多方面，女性運動賽事到現在才擁有如此堅定的支持者，這距離《教育修正案第九條》（Title IX）立法生效已經過了半個世紀；理論上，聯邦應該不分性別地撥款資助教育和體育活動。如今，年輕的女性運動員有許多可追隨的榜樣和典範，以及值得讚賞和被認同的運動成就。所以像蒂根這樣的小球員才會渴望成為全明星隊的球員。

儘管如此，我們還是要付出許多努力，這些資訊和影像才能觸及到各年齡層的球迷。因為從媒體、廣告、行銷和影響力等方面來看，體育界仍是以男性為主，《教育修正案第九條》通過後也沒有大幅改善。不過根據瓦瑟曼（Wasserman）運動行銷公司和女性運動頻道espnW的研究，在二〇二二年，無論是廣播、串流平台或社群媒體，女性體育賽事的報導已經佔了百分之十五。[2]但是不考慮網路平台的話，在電視台的運動節目中，男性賽事的佔比還是高達百分之九十五。因此，若要提升女性運動賽事的媒體曝光度和女性運動員的薪資水平，還有很長的路要走。

為什麼這些面向很重要？就目前的情況來看，民眾還是會認為，女性運動員的成就不如男性，她們的比賽是次要的、不值得關注，也不夠刺激有娛樂性。我們訪問許多像蒂根這樣的女孩後發現，守舊的男性小團體和根深蒂固的偏見在學校依舊存在。事實證明，社會成規和大眾態度並不會因聯邦政府的政策就自動改變，即使已經過了五十多年。

喜歡打籃球的艾佛莉表示，每天下課時間，球場和運動場總是被男生佔據，而女生只能玩玩鬼抓人或使用遊樂設施。即使她們想踢足球或投籃，也能感覺到自己不受歡迎。大家好像有某種默契，運動場不屬於她們。艾佛莉說：「所以男生球才打得比較好，因為他們都能在下課時間練習。」

無論自覺與否，女孩們從小就被灌輸了某種觀念，包括女生在體育界的地位較低，自己的需求和願望不如男性那麼重要。儘管女性參與體育競技的機會已增加不少，但依然被困在既有的體系中，而那些機構不是由女性創建和領導，也非為女性運動員設計，所以很容易對她們心理健康造成負面影響。

女性若想投入運動，還要努力去爭取支持和許可，因為場地是被男性主導和掌控。她們因此感到無力又疲憊。如果女性運動員不必將精力花在爭取薪資、平等地位、訓練時間和設施，其表現勢必會大大提升。越來越多的女孩投入運動後，我們才逐漸意識到，她們在過時的體系下承受短期和長期的影響，但主事者卻未曾考慮到她們的需求。

在運動場上，女性一直接收到這樣的訊息：積極表現，但不要過於強勢和突出；不惜一切代價贏得比賽，但也必須表現得謙恭有禮；讓自己變強，但身材不能太強壯。女性運動員就在這些標準下力求成長，並在為男性所創建的體系中爭取機會。這些體系至今仍大多由男性主導。事實上，在一九七二年《教育修正案第九條》剛通過時，女性教練帶領女性隊伍的比例曾超過百分之九十，但五十年後降到百分之四十三，這個數字在過去幾十年來是停滯未變。[3]

問題是，無論在哪個層級的訓練和競技體系，主事者都忽略了女性運動員會面臨的一些特有問題，包括青春期變化、飲食失調、焦慮、憂鬱症以及體育圈普遍存在的情感剝削和身體虐待等。現在女性運動員越來越多，忽略這些問題的後果正在我們眼前上演。我們知道，運動員會因為擔心失去上場時間、獎學金或隊中的位置而刻意不尋求幫助。根據美國運動醫學學會（American College of Sports Medicine）二〇二一年八月的報告，身心不適的大學運動員只有百分十尋求過專業人士的協助。[4]有些人不希望自己顯得脆弱和不完美，畢竟運動員的精神是堅持不懈、克服艱難，並因此受到稱讚。但我們知道，若有關單位能提供心理健康資源，並且鼓勵運動員多加利用，就可以提高他們的表現成績。

在為本書收集資料的過程中，我們與數百名女性進行了訪談，也與家長、教練、行政人員、裁判、贊助商和觀眾交談，試圖釐清為何女性運動員的心理健康會逐漸下降。體育是映照社會現況的一面鏡子，而此時反映出的問題更令人沮喪。各界對心理健康專業人員的需求越來越大，但相關資金不足，所以很難取得醫療上的協助。根據美國心理健康協會（Mental

Health America）發布的《二〇二三年心理健康狀況報告》，美國有十分之一的青少年患有憂鬱症，這大大損害了他們在學校、家庭或其他場合的社交能力，且這些重度患者當中又有近百分之六十的人未曾接受過任何治療，因為他們的醫療保險未涵蓋此項目，或是照顧者無力負擔。[5]運動員帶著未處理的心理健康問題參加訓練，症狀便會加劇，更感到絕望和沮喪。

但另一方面，運動員若能找到自己熱愛的運動，並處在安全且充滿支持的環境中，就能得到周全的保護。歸屬感、社群情誼、團隊合作、技能提升和體能活動可以緩解許多憂鬱症和焦慮症的症狀。然而，女孩更需要的是為她們量身打造的運動，而不是繼續在男性主導的運動中求生，接受那些次一等的比賽。

運動員、家長和教練可以共同努力，重新構思女性運動的架構。我們可以組建新的聯賽、改變教練理念並改革訓練方針。如此一來，下一代的女性運動明星就可以在能力範圍內享受運動生涯，且活躍得更長久。

這些變革很重要，因為運動對女孩一生的發展有深遠的影響。她可以找到有歸屬感的團體，與自己的身體建立健康的連結，學會與不同的教練、隊友和競爭者互動、合作，並妥善應對各種壓力和期待。過程中，她學習社交技巧、發展情感、培養同理心，並建立相互支持的人際關係。研究也顯示，運動經驗可轉化為日後工作上的優勢。安永會計師事務所的研究顯示，百分之九十四的美國企業高層女性參加過體育運動，且其中百分之五十二是在大學階段參與的。6

顯然，體育運動可以帶來許多正面的成果。現在我們需要研究更公平安全的環境，以確保女性參與體育活動的樂趣不會減少。

不管是針對青少年校隊或職業運動聯盟，我們都該重新塑造女性運動員的體驗，而不是以男性運動員的訓練和競技方式為主。我們希望創造新的規範和文化以支持她們獨特的心理健康需求，讓她們在田徑場、球場、泳池、體操墊、溜冰場上盡情表現、蓬勃發展。

以下講述的女性運動員故事，涵蓋各個年齡層和能力水平，大家能藉此發現常見的問題，而女孩、家長和教練才會理解，她們的狀況並不是個案。我們也將提供專業建議，幫助大家學會應對這些問題。雖然這樣的書早該在五十多年前就問世，但至少大家也明白，還有很長的路要走。我們現在就出發。

第二章

找回運動的初衷

運動是讓女孩們活躍一生的健康起點。

我們常在年輕女孩身上看到驚喜、活力和好奇心。在週六早上，她們有一堆事情可以忙：裝扮遊戲、在後院丟足球、彈鋼琴和畫畫等。在這段黃金時期，女孩們無拘無束，還沒有被恐懼感、羞恥感、焦慮感纏住。她們勇於做自己，只要有機會，就會突破界限、嘗試各種活動。

即使是年僅三、四歲的女孩，也能在簡單的運動中獲得成長。像是在院子裡丟球或是在公園的遊具上玩耍，這些即興的遊戲對於發展動作、協調和思考能力都很有幫助。舉例來說，登上溜滑梯、排隊等著滑下來，這過程需要社交意識與溝通能力。

根據美國兒科學會（American Academy of Pediatrics）的說法，除了和照顧者的互動課程，幼兒並不適合參加有組織的課程，但可以接觸跳舞、翻滾、游泳、投擲、接球或跑步等活動。

[1]醫生建議家長應該和孩子一起參與這些活動，讓他們體會到運動的樂趣和愉悅感。畢竟，幼兒最擅長透過模仿他人來學習。

孩子到了六歲時，就很適合參加一些有組織性的活動，比如樂樂棒球、足球、武術和體操，並由教練來教導基本技巧和競賽規則。孩子們已能聽從指導、學習新技能並練習社交互動。不過，相關規則要有彈性，場地與器材需因地制宜、練習和比賽時間可縮短，家長也不要過於強調分數和勝負，最好選擇樂趣大於技巧的運動項目。反正孩子很會就會明白勝利者所能獲得的關注。還記得艾佛莉嗎？她在一年級時就已發現贏球帶來的成就感，她也很喜歡投籃、運球和奔跑。她參加籃球活動的原因還包括有零食可吃，這對任何年齡層的孩子都很有吸引力。

讓孩子嘗試各種不同的活動，他們才能發現熱情和注意力會出現在何處。在理解自我價值不該取決於成績之前，孩子應該避免參與競爭性的活動。做一些功課調查並與其他家長交流，就可以找到符合這些建議的課程。有些孩子選擇追隨哥哥姊姊的腳步（也許是希望能夠搭順風車，但這並不是推動他們走這條路的理由），而另一些則會受到父母觀看的節目或曾經參與過的活動的影響。如果一個孩子通常樂於參加練習，並且在沒有成人催促的情況下表現出對此運動的興趣，那麼她就找到了適合自己的活動。

以愛麗絲為例，十歲的她有次站在田徑場旁，觀看其他孩子參加一百公尺比賽；有些人跑了一半就停下來，有些則全力衝向終點。有關單位發起了這項休閒性質的青少年運動計畫，而十到十三歲的孩子皆可參加。愛麗絲的姊姊們曾參加過，她們父母也都熱愛跑步。不過，愛麗絲並不確定田徑是否適合自己，所以前來試試身手，儘管那天她玩得很開心，但還是確認自己更喜歡踢足球。她發現學習控球很有趣，而且她在球隊有許多朋友；對孩子來說，朋友是參與活動的決定性因素。愛麗絲的父母對孩子只有一項規定；每天至少運動三十分鐘，無論是快走、在客廳做瑜伽、在戶外玩耍還是加入球隊。他們不要求成績，只想鼓勵孩子養成運動習慣，任何項目都可以。

愛麗絲的體驗是最理想的，雖然這不是運動員的常態。在學齡階段，女孩們喜愛運動的原因既健康又單純：友誼、樂趣、身體的舒暢感。要是我們能把這一刻好好裝瓶收藏，讓它永遠保持這麼純粹就好了。初次接觸運動的經驗至關重要，因為置身於健康的運動環境，才能為長期發展奠定基礎。運動得融入生活，並與學業、朋友、家庭等其他重要環節保持平衡。在這段早期經驗的影響下，她們在未來就能成為合格的運動員和隊友。然而，不是每個人都能像愛麗絲這般順利。

快樂是第一標準

當十歲的娜塔莉決定要打「腰旗美式足球」時，教練們都熱情歡迎她加入。長久以來，這項運動是以男生為主，雖然也逐漸成為正式的女子運動，但她必須獲得聯盟的許可才能參賽。她的父母需要填寫表格，並與賽事負責人會面。可以想見，男孩的父母就不需要經歷這樣的過程。如果男孩子想嘗試以女性運動員為主的水上芭蕾或韻律體操，也不會遇到阻撓。

娜塔莉參加練習時很常感到孤單。她被視為一個女隊員，沒有人與她交談，有些男孩更是粗魯無禮，對她做不雅的評論和手勢。「男孩們老是覺得女孩不夠強壯，」她觀察道：「但我丟球的力道令他們非常驚訝。」

娜塔莉並未受到太大影響。從幼稚園起，她就一直堅持要在男孩的領域爭取自己的位置。二年級時，有次在運動場上，男孩們拒絕她加入遊戲，她就向路過的老師尋求協助。經過老師的說明，那群男孩變得較友善、更願意接納他人。她因此明白一件事：「男孩們應該好好被教導，知道女孩的地位跟自己一樣，也擁有相同的權利。」說得好，娜塔莉。

對女孩們來說，年紀小小就要面對性別偏見，還要設法投入排外的運動領域，確實是沉重的挑戰。但娜塔莉打球時的快樂沒有因此減低。父母和教練都支持她、為她創造穩固的基礎，她得以篤定地相信自己、尊重自己的感受並安心探索這個世界。她感覺自己的選擇有人支持，這就是所謂的安全型依附。在本書中，我們將反覆提及這個概念。這樣的孩子有韌性、有洞察力、思緒清晰並與自己建立連結。靠著這些特質，娜塔莉進入更高層的運動領域後也取得亮眼的成績。

在準備進入青春期時，女孩們會開始縮小興趣範圍。她們也許會察覺自己在某項運動上的天賦，並找尋有歸屬感、能與朋友培養感情的環境。父母也會開始與其他隊友的家長建立交情，從而加入並創造更大的社群。

在這個階段，學生得花更多時間和金錢參與運動，隊友們的競爭也更加白熱化。這些活動還是很有趣，但全家的行程會有所變化；週末得參加比賽，平日晚上得練習，大家都更在意成果了。學生對自己的表現更有情緒，也牽動了家裡的氛圍。父母都希望為孩子鋪路、幫助他們發揮潛力，但也知道逼太緊沒有好處。過早專精某項運動的話，會造成過度使用傷害，導致成長中的肌肉、韌帶和骨骼受損。除此之外，太多重複動作也會使身心的壓力不斷累積。孩子太認真看待表現的話，也許更有機會奪牌、拿獎學金，但也更容易因得失心重而一蹶不振。

我們也知道，參與運動競賽的費用很高，許多孩子和照顧者都負擔不起。根據《二〇二二年阿斯本運動計畫報告書》（2022 Project Play Report by the Aspen Institute），就小康家庭來看，每年為一名孩子支付的體育活動費用為八百八十三美元；而富裕人家在這方面的支出為低收入家庭的四倍。報告指出：「一言以蔽之，美國各地孩子的運動體驗不同，其主因仍然在於金錢。」[2]

謹慎行事永遠不會錯。家長應讓孩子自行決定要投入多少精力在某項運動上，並不時確認他們的熱情有無消退。此外，最好讓孩子多嘗試其他活動，以免因為太投入某項運動而過度疲勞。根據《二〇一九年阿斯本運動計畫報告書》，每個孩子從事某項運動的時間平均不到三年，而且通常在十一歲前就放棄了。[3]最常見的原因是孩子沒有興趣了，或是開銷太大家長負擔不起，尤其是要到外地比賽的費用。報告書還指出，孩子們通常放棄某項運動，並不是因為想嘗試其他項目，而是對運動完全失去了興趣、不再享受這種體驗。更重要的是，許多教練的要求過高，也不大包容那些進步較慢或家庭貧苦的孩子。

以奎茵為例，她在十一歲時先後嘗試了足球和體操，但最終都放棄了。體操的練習時間太長，她不喜歡；她有次去踢足球，但因場地濕滑而受傷。她喜歡排球，這項運動很受歡迎，而且她也很擅長。然而，教練的態度卻令人失望。一開始她還不懂規則，但因為有天分，所以被安排在高年級組，雖然這有助於提升技巧，但看到朋友們在另一組玩得很開心，她心裡有些難受。奎茵說：「掉球時，教練會大吼大叫，還會取笑我。」

父母希望她繼續參加體育活動、養成健康的習慣，但那些過程卻令人難受。她哥哥也很熱衷於運動，而她以為自己也要認真投入，才能得到父母的關愛。父母請她不要半途而廢，至少撐過這個排球賽季，但請她去嘗試更適合的活動。奎茵漸漸意識到，她可以自由選擇想挑戰的項目，並不需要跟隨哥哥的腳步。她也總算明白，訓練不必然要充滿壓力，所以她決定參加田徑隊，因為不想出賽也沒關係。「教練是學校的體育老師，他身材魁梧、嗓門很大又愛使喚人，」她說：「但他對待學生很公平，也會挑戰我的極限。教練不會強迫我們做任何不想做的事。」對奎茵和她的朋友們來說，參加田徑隊的最大誘因是「想上廁所都可以去」，不像在排球隊還要請求教練許可。她們這年紀的女孩剛開始有月經，所以能自由上廁所尤其重要。

稍後我們會討論青春期對女性運動員的影響，甚至使她們放棄運動生涯。但目前我們要強調，在這個階段，女孩們吸收了很多東西，包括接受訓練和學習比賽規則，觀察並體驗運動員的生活，理解教練的期望，並學會調節自己的情緒。她們會觀察團隊中較年長的女孩，猜想自己接下來的發展，並看到明星運動員脫穎而出的歷程。對於如何獲得上場時間、達成某些指標，她們也開始有自己的看法。

例如艾佛莉就注意到，有些孩子能獲得更多關注，是由於他們的父母也是教練。但她奮鬥的動力依舊不減，因為她相信自己的技能會逐漸提升，最終也會獲得認可。

即使是青少年選手，我們也會將其視為運動員，並追蹤其練習和比賽的時間表、賽場上的表現、身體的健康狀況以及團隊的成績。他們的身分認同很快就與運動成就緊密相連，例如「她是體操選手」或「她是游泳選手」或「她是足球員」。我們鼓勵她們參與運動，但也希望她們知道，表現不好也沒關係。運動生涯總有高低起伏，受傷也是不可避免的，但運動員可藉此脫離日常的訓練作息。重要的是，在運動場域外，她們還是很有價值的人。

因此，家長與其問孩子「今天練得如何」，不如先問「今天過得如何」，這樣一來，她才能思考運動以外的事物，包括了解自己的心理健康。傳統上來說，運動員得要學會抽離個人情緒，不斷告訴自己「心智能戰勝肉體」，這樣才能保持冷靜、克服不適、集中注意力並遵從教練的指示。透過這些方法，選手確實能做出卓越的表現並受到讚揚，但長期下來，她會與自己的情感脫節並導至心理健康出問題。

女性運動基金會（Women's Sports Foundation）指出，到了十四歲，女孩退出訓練的比例是男孩的兩倍。[4]首先，許多女孩缺乏交通工具，走路去參加練習和比賽也不安全。有些女孩被汙名化，因為有絕佳運動能力而被霸凌或排擠，還會因為性別認同而遭受歧視或自我懷疑。除此之外，女孩長大後回到以女性為主的團隊，就會發現訓練的體驗明顯變差，諸如設備不合標準、練習時間不方便、被趕到不好的場地等。而且很多教練對領導女性球隊興趣缺缺，教學風格也不適合女孩的發展和學習方式。

賈瑪爾的十六歲女兒打袋棍球又踢足球，他認為女兒參與運動是為了「帶來更多的快樂，而非痛苦」。他喜歡到場幫她加油。有些家長會用獎品來鼓勵孩子爭取好成績，但他不會過度強調這些成就。「我希望孩子們單純喜愛運動就好，而不是為了賺零用錢或獲得關注而打球。」他說。

賈瑪爾的態度值得讚賞。在生涯的前十年，選手最好能享受純粹而快樂的運動環境，而這段時間所學到的技巧和智慧將伴隨他們一生。女孩們若能以熱情作為驅動力，便可以透過運動獲得高度自信。

跨性別的青少年選手

從二〇二〇年起，美國各州一一通過立法，禁止跨性別女孩參加女子體育比賽，也不為其提供「性別確認照護」(gender-affirming health care) 的醫療服務。支持這些限制的人說，他們是在「保護女子體育界」。矛盾的是，這群人鮮少關注女性運動員的權益，比如薪資不公、支持資源不夠、媒體報導的篇幅太少等，也不為女性運動員所受的性騷擾與剝削問題發聲。

另一方面，「運動員同盟」(Athlete Ally) 等團體表示，這些禁制令會給孩子帶來不安全的環境。許多州必須檢測女性選手的染色體、荷爾蒙水平或生理結構來確認她們的參賽資格。而且無論選手是否為跨性別者，只要看起來「過於男性化」，主辦單位就會做出那些侵犯隱私的行為。女孩投身運動競技的障礙本來就很多，若再加上檢查身體的門檻，她們參與運動的機會就會更少。

許多支持禁制令的人聲稱，讓跨性別選手下場比賽是不公平的，但他們卻沒有意識到其他不平等的現象，例如有的孩子發育較好，或是富裕家庭才負擔得起私人教練的費用。況且，確實有少數的年輕運動員是屬於多元性別族群。加州大學洛杉磯分校威廉斯研究所 (Williams Institute) 的一項研究指出，在十三至十七歲的美國青少年中，有百分之一點四的人是跨性別，而且他們並非都是生理女性，也不一定有參加體育活動。因此，男性運動員並沒有成群湧入女子運動來搶獎杯。[5]

在我們採訪的過程中，醫療工作者一致認為，對於正在摸索性別認同的青少年來說，參與有組織的體育活動不是第一要務。他們正要做出既複雜且會改變一生的決定，所以運動反而沒那麼重要。「環繞」（Encircle）支持中心長年為多元性別的青少年及其家人提供心理健康服務。該中心的婚姻與家庭治療師安德烈斯・布朗（Andrés Larios Brown）表示，多元性別群體通常都會恐懼體育活動，因為歷來那些場所發生最多霸凌和排擠行為。對於多元性別的青少年來說，要進入傳統的性別劃分空間都會很猶豫，像是更衣室，或是依生理性別分組的團體。這些因素導致跨性別和非二元性別的青少年完全不想參加體育活動。

大家都同意，包容才是人道的作法。非營利組織特雷弗專案（Trevor Project）致力於預防民眾的自殺傾向，尤其是針對同性戀、雙性戀、跨性別、酷兒及有性別困惑的青少年。在一篇經過同儕審查的質性研究中，該組織的人員訪查了兩百九十四名跨性別高中女孩的體育參與情況。研究顯示，百分之六十八的受訪者選擇不參加體育活動，主要是擔心受到同儕和教練的霸凌和騷擾，因此她們就沒機會在運動中提升自尊心、獲得樂趣、交朋友以及獲得更好的教育機會。[6]

報告還指出：「禁止跨性別青少年參與體育，這樣的政策只會繼續汙名化這個族群，並降低青少年從運動中改善身體、社交和情感經驗的機會。」

改革打罵的訓練文化

每項運動都有其獨特的文化，孩子們在摸索自己想從事的運動時，家長需要考量那個環境與自己的生活方式和價值觀是否相符。有些運動需要一天內進行多次訓練，而有些運動的訓練時間在一大早上課前，因為這時游泳池或溜冰場等設施才有空檔。有些運動常常需要到外地比賽和交流，因此家人得犧牲週末以及大把的鈔票。

除了時間和財務上的投入，家長還得觀察一些微妙的規範，它們往往是在社團、聯賽或運動界裡形成的。教練是如何定義成功的？是「不惜一切代價取勝」，還是也衡量其他價值，比如進步、團隊合作、領導力和出勤率？那麼，營養和恢復呢？運動員是否理解補充能量的重要性，以及為什麼身體也需要時間來恢復？如果他們需要休息或感覺快受傷了，是否可以直接提出來？教練與運動員之間的關係如何？是否充滿偏袒歪風，還是重視積極溝通、相互尊重和信任？

近幾年的爭議令我們更了解運動文化的負面之處，尤其是對女性造成的傷害。最引人注目的事件是體操隊的醫生拉里・納薩爾（Larry Nassar）性侵運動員。調查人員還發現，儘管明知有不法行為，教練和主管卻沒有採取任何措施來保護運動員，許多體制問題也一併浮出檯面。例如，教練會責罵運動員太胖了，或是強迫她們在骨折的情況下繼續訓練和比賽。二〇二二年，美國司法部前代理部長莎莉・葉慈（Sally Yates）調查後發現，女子職業足球界中的虐待言行和性不當對待，並非始於高階的主管或教練。[7]報告指出：「聯盟中的虐待行為根植於更深層的女子足球文化。從青少年聯賽開始，眾人就把教練的言語辱罵視為常態，並模糊了教練與球員之間的界限。」

要確定孩子所投身的運動環境是否安全、選手是否健康和快樂，不需要等到一百名體操選手站出來或者司法單位進行調查，重要的是家長的積極參與。

卡羅琳從小就熱衷於冰球運動，因為她的父親是職業球員。但她走向大學聯盟的道路卻充滿挑戰。多年來，她總是天還沒亮就起床去參加高強度的體能訓練。過程中，教練會大聲咒罵球員，批評她們不夠壯。輸掉比賽時，教練會懲罰她們，要她們在溜冰場上來回衝刺，許多人還因此嘔吐。卡羅琳是亞裔美國人，在比賽中和社交媒體上老是遭到他人種族性的歧視和辱罵，但教練毫無作為，沒有採取任何行動來保護她。

卡羅琳的母親做過體育行政管理的工作，她嘗試與教練溝通，也指出教練言行上的問題。然而，其他家長沒有支持她，大家都擔心，介入太多的話，自己的孩子會失去上場時間或被列入黑名單。況且球隊的勝率頗高，教練受到眾人的尊敬和讚揚，沒有人敢發出異議。但卡羅琳的母親相信，無論聯賽的成績多好，女兒的身心健康才是最重要的。最終，她請卡羅琳退出球隊，也跟女兒強調，沒有任何目標或夢想值得她去忍受不當對待和霸凌。卡羅琳接受了母親的建議，並設法在其他的大學球隊繼續打球。

不管是哪種運動項目，教練和運動員的權力都是不對等的。而卡羅琳要面臨的挑戰更多，因為她是有色人種，而教練則是年長的白人男性；她認為教練的性別和種族歧視很深。值得慶幸的是，父母支持她，並強調核心價值和身分認同比獎牌更重要。當時那個球隊的選手都害怕教練，所以這是一個不安全的環境。基於恐懼的領導方式只會破壞尊重或信任，而且對運動員的心理健康有害，會加劇焦慮、憂鬱和自殺傾向等症狀。

在理想的運動團隊中，女孩得以發展身體素質、享受訓練、培養自尊，並了解到輸球不等於失敗，努力的回報不一定是贏球或完美的表現。在投入這項運動前，選手應該與教練建立健康的關係，並找到與自己價值觀相呼應的團隊。她應該理解何謂安全的運動環境與體驗，而且在必要時總是能找到幫手。

孩子的運動體驗會發展成什麼樣子，父母和照顧者是最關鍵因素。他們必須從各方面觀察球隊，包括球員、教練的互動關係以及在比賽中如何溝通。家長得提醒孩子，哪些行為值得效仿，並請孩子描述自己的言行以及感受。他們也應該常常問孩子，「今天的訓練你喜歡哪部分」、「教練說了什麼讓你很開心」、「今天教練做什麼事情是你不喜歡的嗎」，這些問題有助於了解球隊的文化，也可以為孩子提供支持和回饋。她知道，你會幫助她走過沮喪和低潮，也會一同慶祝進步和成就。隨著她的成長和發展，這些溝通應該成為常態。

莎莉．葉慈在報告中強調，當前的要素是關注運動環境，並從一開始就設定清楚的目標並定義健康的環境：「許多運動人士都認為，性別歧視或貶人的言論是嚴格訓練的一環，所以把語言和情感上的虐待當作慣例。許多球員、教練和美國足球協會（ＵＳＳＦ）的工作人員都觀察到，女性球員從青少年時期就習慣接受教練的苛刻言行。這些經歷根植於她們的訓練過程，許多人就算成為職業球員，也看不出那麼做有錯。」

當然，受到虐待的不光是足球員和體操選手。整個體系都強調要不惜一切代價贏得勝利，所以選手從青少年時期開始就不斷承受身心的創傷。不管是在公園的遊樂場或到外地出賽，家長都應該了解像蒂根、艾佛莉、娜塔莉和卡羅琳這樣的女孩會遭遇那些問題，並隨時準備好應對措施。

第三章

如何扮演好場邊父母的角色

照護者的角色很重要，但有時卻成了不確定因素，尤其是在孩子越來越認真投入訓練時。

在奧運和帕運期間，你應該看過這些感人肺腑的廣告影片，主題是向優秀運動員的母親們致敬。影片中，媽媽們一邊準備早餐，接著溫柔地叫醒孩子，準備帶他們去練球，這時天都還沒亮。有些媽媽好言好語、鼓勵孩子們在經歷艱難挫敗後重新振作。她們總是不離不棄、細心地陪伴這些小選手，令他們在承受十多年來的挫折、傷病後，依舊保持健康開朗。

接著，畫面轉到他們驕傲的父母，髮色略顯斑白，穿著鮮明的紅、白、藍服裝，站在看台中央，為期待已久的勝利歡呼著。結尾總是千篇一律：一枚獎牌，一個熱淚盈眶的擁抱，以及一句簡單而感人的話語：「謝謝妳，媽媽。」

這段兩分鐘的影片非常感人，是典型的勵志故事（但沒提及包括父親在內的其他照顧者），而且除了推銷奧運夢想，也順便販售一些個人衛生用品。寶僑公司（Procter & Gamble）深知如何打動其目標客群，包括那些正在養育未來奧運或帕運選手的家庭。即使在客廳電視前的大多數人沒有如此沸騰的夢想，也能與這個廣告的核心訊息產生共鳴：照顧者努力不懈，守護著運動員的遠大夢想。

這一百二十秒的廣告並沒有呈現那些父母是如何完美做到這一切。事實上，他們總是做得差強人意，不管是要培養出金牌得主，或只是地方足球聯賽的明星門將，根本沒有任何公式和祕訣。在這些廣告裡，我們看不到他們在深夜裡碎唸孩子球衣沒拿出來洗、弄丟運動鞋或功課沒做完。

在現實生活中，無論是哪種快樂結局，過程中都有許多挑戰。怎麼幫助孩子建立自尊心，讓他在面對失望、壓力和受傷時依然能堅持下去？何時該退一步放手？何時又該出手相助？如何鼓勵他又不會給太多壓力？由此可知，運動員的父母總是有這樣的矛盾心情，甚至有些家長徹底反對孩子投入運動。

我們在第二章提到，冰球選手卡羅琳曾在場上受到辱罵和種族歧視，也因此換到其他聯盟打球。她很幸運，家人幫助她培養對運動的熱愛。她的母親珊姆希望，卡羅琳是自願拚到最高的運動層級，而且絕不能犧牲身心健康。珊姆知道，要是卡羅琳加入那支更具競爭力但管教過當的球隊，那往後不論在人際關係、工作或其他領域都會習慣被責罵。冰球不是人生唯一的事。珊姆說，透過運動，她希望孩子能學到重要的價值觀，人格獲得全面發展，而運動員的成就只是其次。

從局外人的角度來看，遠離有毒的運動環境是理所當然的選擇，但當事人卻不見得能做出明快的決定。所以當珊姆指出隊上的問題時，其他家長卻沒有大力支持。透過運動，我們讓孩子學習奮鬥的精神，並投入大量資源幫他們邁向更高的層級，這些都是良善的出發點。但在今天的青少年運動文化中，家長也很容易被迷惑，希望孩子加入有名的球隊、爭取先發位置和大學獎學金，甚至去追求職業或奧運選手的榮耀。

父母都希望給孩子最好的，但有時也需要檢視現實面。

事實上，大多數人的運動生涯都會停在高中階段。舉例來說，NCAA的統計數據顯示，二〇二〇年共有三十六萬四千一百零五名高中女足球員，但其中只有百分之二點四的人能爭取加入一級的大學足球隊，而女籃選手也只有百分之一點三能進入大學校隊。[1]除此之外，每年僅不到百分之二的高中運動員能夠獲得獎學金。換句話說，孩子投入運動的目標就不該只有進入頂級大學校隊，家長應該有更廣闊的視野。

有位職業耐力運動員說，她從小受到父親激勵而熱情地投入運動。像許多女孩一樣，她一開始是踢足球，但最終在球場上發現對跑步的熱愛。她在中學時改練田徑和田徑越野跑，但總感覺難以達到他人的期望。這位運動員告訴我們：「當我開始在跑步上顯現出潛力和興趣時，父親全心全力支持我，會帶我去參加訓練。他是我運動生涯的重要推力，但我多少也感受到他所施加的壓力。」

她在高中逐步成長，最終進入頂尖的大學校隊，而父母始終給予支持，儘管父親會因為她表現不理想而失望自責。這位運動員說：「我知道我爸爸是無條件愛我的，但有時我會覺得，他對我的愛還是以運動成績為前提，而媽媽的愛確實是無條件的。每當我遇到瓶頸時，她總是勸我不必硬撐。雖然我爸沒有強迫我，但他給我的肯定大多和體育成績有關。」

父母熱情投入孩子的活動是很正常的，但太執著的話，孩子就很難在運動以外的領域找到自己的定位。照顧者的態度不應該和孩子的運動表現息息相關。青少年運動員得看到大人們生活的其他面向，這樣才能試著培養運動以外的興趣。

找出專屬的運動價值觀

核心價值是自我認同的根本，也應該放到我們對運動的態度中。不管在賽場上競技或在看台上當觀眾，我們都該實踐這些價值觀，在其他的人生場域才能保持穩定、連結自我並忠於自己。

在療程中，我們最喜歡的工具是價值觀練習，它有助於檢視自己的信念，而且隨時都能練習：

一、列出十個與你產生共鳴的價值觀。一開始沒頭緒的話，可以先列出一些像是誠信、同情、堅定等常見的範例，然後挑出那些你內心奉行的價值觀。接著，選擇一個動詞來體現它們，例如「保持韌性」或「秉持誠信」等短句。

二、找出這些價值觀的定義以及它們對你的意義，以此產生更多聯想。

三、接下來幾週，淘汰掉與你日常生活不相符的價值觀。

四、刪到只剩三到五個核心價值觀，並留意自己實踐它們時的感受。

五、每天在生活中實踐一個價值觀或短句，或者在一個月內練習兩三則短句。保留讓你感覺良好的價值觀，將它們融入到你家庭、運動等生活領域中。

穩定的支持與陪伴

為了培養健康的女性運動員，我們必須先了解依附關係。照顧者與孩子的依附關係有三種：安全型、迴避型和焦慮型。我們追求的是安全型依附，也就是照顧者會讓孩子了解大人及自己的需求，同時也給予指導、認同、肯定和安慰。在這樣的關係中，孩子就算感到情況不對勁也能放心，因為有人持續發出訊息，讓他們知道自己值得被愛與照顧。舉例來說，當嬰兒哭泣時，照顧者會立刻關心他們的需求，判斷是否餓了、要換尿布或生病了。

家長若要與成長中的女性運動員建立這樣的關係，就要和她共同努力。五歲孩子所需的關愛與青少年完全不同，但無論年齡多大，孩子遇到問題或情緒波動時，都需要照顧者穩定的安全感與支持。有這樣的陪伴與關懷，她們在未來就能建立更強的自尊與自信。

處於安全型依附的孩子，特別能辨識並處理不安的情緒，而不是壓抑、忽視、內化或產生負面反應。在訓練或競賽的過程中，選手必定會產生各種情緒，包括勝利的喜悅和失敗的沮喪，但關鍵在於如何處理。而照顧者是孩子最先學習的榜樣，這過程稱之為「共同調節」（coregulation）。

父母可以透過語氣、肢體動作、臉部表情和反應來安撫孩子。當孩子錯失關鍵的罰球或是從平衡木上摔下來時，你會做出什麼反應？是安慰、驚慌還是生氣？父母懂得掌握自己的情緒，與孩子的共同調節就會是良性的。孩子會信任父母，知道他們的反應是可預測、一致、正向而有支持性的。

有一點要澄清，好好應對情緒不會讓人變得「軟弱」。許多教練對心理議題都有這樣的誤解。事實上，幫助年輕運動員學習轉換心態、信任他人並感受到支持，他們才會更熱愛運動，成長為更完整的人，進而成為更優秀的運動員。情緒調節的關鍵在於學會應對不適感，尤其是在突破身心極限時。但運動員不必是「硬漢」，這也不代表軟弱。

孩子的感受若得不到認可，就會產生迴避型依附。當孩子說「今天教練對我真的很兇」，如果照顧者的回應是「習慣就好，長大後你也會遇到很兇的老闆」，孩子便有可能與他人保持距離，有困難時也不會去尋求支持。孩子習慣壓抑情緒的話，就無法妥善處理悲傷、憤怒或失望等情緒。

凱特是優秀的競技啦啦隊選手，參加過騰翻特技體操（acrobatics and tumbling）比賽，還贏得冠軍。她和母親南西的關係一直很密切。在凱特的運動生涯中，南西是她最可靠的支持者。但這位母親最擅長的安慰法，就是在練習和比賽後給女兒足夠的空間，特別是在表現不如預期時。南西很想和凱特聊聊，但她也知道，凱特喜歡先冷靜下來、好好消化一番，再與媽媽討論。「我感覺到媽媽的尊重和關心，」凱特說：「我不用被迫談論比賽結果，也知道無論如何，只要我準備好，媽媽都會在那裡等我。」

時機合適時，南西會問凱特一些開放式的問題，例如練習時的感覺如何，或是當天比賽進行得怎麼樣，這樣一來，凱特就可以按照自己的意願開展對話。如果凱特近期在進行特訓的話，南西就會問進度如何。南西去現場看比賽時，會特別指出一些正向的觀察結果，像是「今天隊員們都有彼此照應喔」。

「無論表現如何，我總是告訴凱特，我為她感到驕傲，也很高興看到她在場上做自己喜愛的事。」南西說。

處於安全型依附關係中，孩子會了解，家長的愛與支持並非取決於比賽的輸贏，因為無論如何，父母都會在他們身邊。當然，父母也不該完全忽視糟糕的運動表現，但可以創造平穩的家庭氣氛，也就是不因選手的勝負、傷病和成就而起伏波動。失望是難免的，而像凱特這樣的運動員，會因為母親的理解與支持而更輕鬆地度過難關。「身為家長，我必須讓凱特去體驗那些挫折和失望，並加以克服，」南西說：「有時我會提出建議，但大多數時候她需要自己面對和處理。」

什麼是依附關係？

簡單來說，依附是孩子與照顧者之間所形成的情感連結。它非常重要，會影響到我們在成年後如何建立親密關係。孩子從小得依賴大人來尋求指引、讚許、認可和安慰，特別是感到壓力或受到威脅時。生長在有穩固依附關係的家庭中，孩子便有信心去探索周圍的世界。

早期學者在研究依附關係時，是觀察孩子們在有所需求時，照顧者是否會在其身邊提供照顧。父母或監護人溫柔而體貼地回應孩子，並給予安全感與慰藉，兩者便會發展出依附關係。

在安全的依附關係中，孩子能了解自己的感受以及需求。家長應經常詢問孩子的想法、感受，請他們多多分享心事，以陪伴他們度過成長過程。

過度的期望與壓力

二〇二二年的奧斯卡獲獎電影《王者理查》備受矚目，其內容便是談到父母與運動員的關係。雖然大多數的父母沒能像片中的主角理查．威廉斯一樣，將女兒訓練成為地球上最著名的運動員，但也能從中得到啟發，思考如何幫助有天賦的孩子。眾所皆知，理查為了女兒們的長期發展與身心健康，讓她們退出青少年網球巡迴賽。小威廉斯瑟琳娜在接受《哈潑時尚》雜誌訪問時也說：「大家都很好奇，我們姊妹倆怎麼能打那麼久的網球？因為我們不是在會讓人厭惡網球的環境長大的。」[2]

根據《阿斯本運動計畫報告書》，每個孩子參與運動的時間平均不到三年，在十一歲前常因為不再覺得好玩、不有趣而放棄。原因有很多，不幸的是，父母就是主因。隨著運動技巧的成長和進步，孩子會開始覺得自己的價值與運動表現息息相關。這是一種焦慮型依附，他們會很容易感到緊張、猶豫、自卑和缺乏自信，常常在想自己今天該怎麼做才能讓父母開心，因為他們的愛和支持都取決於自己在賽場上的表現。他們觀察到，獲勝時父母會很高興，輸了則非常失望。

瑞恩坦承，自己也曾是那種父母。兩個女兒現在已經成年，但當年她們打排球時，他會竭盡全力督促她們取得好成績。女兒們嘗試過體操、跳水、游泳和足球，到了高中決定專攻排球。為了兼顧校隊和業餘球隊的活動，這家人全年無休、身心疲累。他們經常在週末從加州出發，接著前往科羅拉多州和內華達州，星期天晚上才回到加州，等到下個週末再重複這個循環。回憶起那七年，每天都手忙腳亂地過。除了女兒的排球、學業和社交活動，瑞恩的生意也很忙，一家人沒有喘息的空間。那段日子感覺漫長又忙碌。

自己犧牲了這麼多，瑞恩也期望女兒、隊友、教練和其他家長也一樣投入。他經常對結果感到沮喪，甚至把自己搞到疲憊不堪；在比賽中，他常常對女兒們大聲吼叫，要她們更努力、表現再好一些。體育館裡一片火熱，家長和觀眾不時對著裁判大聲喊叫。在某次比賽的休息時間，教練把所有隊員趕進廁所並大聲喊道：「要擺爛的話，就只配待在這裡。」這位教練很不尊重人，經常對運動員叫罵。有一次，瑞恩目睹女兒成為教練怒火噴發的對象，便忍不住介入請教練停手。儘管瑞恩自己也很容易激動，但當他看到另一位大人不守分際時，自己也無法袖手旁觀。他們的舉動都顯現出當前的青少年運動文化太過緊繃，而大人們參與的方式並不適當。

瑞恩說他的目標是確保女兒們長大後成為「堅強、成功的女性」。如今，瑞恩的女兒們也都成為母親、有了自己的事業。她的大女兒表示，運動讓她變得更強大。「我學會如何克服困難，並理解團隊合作、自信、毅力和堅持的真諦，」她說：「我學會突破極限，即使感到疲憊，也要堅持履行承諾。」

如今回顧起來，瑞恩知道自己太嚴厲了，也意識到那段時間家人壓力都很大。「我深愛女兒們，也樂見她們成長後的模樣。」他說：「她們個性比較倔強，有時我希望她們能再柔和些，但人的個性不可能盡善盡美。回首過往，我們應該還是會選擇重來一次，那些是很美好的回憶。」

為青少年運動員設定目標並不容易，瑞恩和家人們深深體會到這一點。他們的情緒起伏很大，就跟大多數投入運動的家庭一樣。家長想讓孩子變得更堅強，以克服在現實世界中的障礙和挑戰。不過，孩子們可能會形成迴避型依附，也就是太獨立、過度依賴自己，所以對親密的連結感到不自在。他們只想以意志力戰勝一切，否則照顧者從不陪他們討論、理解自己的需求或情緒。這些運動員從小就被教導要撐下去、獨自克服挑戰，所以不會尋求他人的支持。

許多父母為孩子的體育活動投入了大量的時間和金錢，期望也跟著提高。看到孩子參與團隊合作、鍛煉體能和遊戲娛樂還不夠，他們還希望孩子在場上有好表現、充足的上場時間並不斷進步。運動的樂趣迅速消退，家中充滿壓力、分歧、怨言和責罵。這種期望宛如大人的投資買賣，而不是讓孩子按照自己的方式茁壯成長。

勇於談論心理健康議題

凱拉妮是來自南方的田徑運動員，從小與她的姊妹以及年紀相仿的表兄弟姊妹一起成長。她小時候並不常見到父親，但與母親和祖父母的關係很好。他們這大家庭的成員都熱愛運動。在開始跑步前，凱拉妮學過舞蹈、參加戲劇表演、觀看她的兄弟姊妹打籃球。她的母親想讓孩子們多參與運動等課外活動，因為她自己小時候沒機會去接觸。凱拉妮說：「媽媽總是讓我們去看家人們參與的比賽。我們永遠也猜不到當日的賽況會如何發展，但家人在看台上的支持，對選手的影響非常大。」

能生長在這樣熱愛運動的大家庭，凱拉妮感到很欣慰，雖然一想到自己的表現不如某位親戚，她也會感到自卑、傷心。家中人才濟濟，對於親朋好友的評論，凱拉妮總是難以承受，也常常陷入自我比較的陷阱。許多照顧者都像凱拉妮的母親和家人一樣，都有心要為孩子著想，但難免會忘記，孩子會為了取悅大人而承受多少壓力。即使年齡增長、離家上大學，這種心情依然存在。對凱拉妮來說，每次站在起跑線上，她總是感到一股無形的壓力。有壓力不一定是壞事，這也是運動員難以避免的挑戰，但她真的很不想讓任何人失望。「家人的壓力和反應會把你擊垮。」她說。凱拉妮一方面得專注於比賽，但又感到非常緊張和害怕。她只能向上帝禱告，因為她的家人們不吃「心理健康」這一套理論。

想支持運動員的話，最有力的工具就是「好奇心」，也就是詢問他們的體驗，而不是試圖改變情況或替他們解決問題。讓孩子自己分析問題、信任自己的直覺，並願意分享更多心路歷程。孩子們因此會知道，他們並不是孤軍奮戰，總有人在背後支持。因此，多提出一些問題，讓運動員有機會表達對訓練計畫、表現、教練甚至整個聯盟的看法。

對凱拉妮來說，上大學後遠離家人又要適應新環境，參加更高層級的比賽又有許多挑戰，所以她前去尋求心理健康專家的協助。她向父母解釋這些困境，但他們並不明白，治療憂鬱症不像看感冒那麼簡單，學業和訓練沒辦法馬上回到正軌。凱拉妮的父母對這議題不感興趣，也聽不進什麼解釋。

開始服用抗憂鬱藥後，她繼續試著說服家人。「多談論這些問題，大家才會更加熟悉，」凱拉妮說：「要完全理解並不容易，但至少試著去接觸。」後來，受到女兒的啟發，凱拉妮的父親也開始接受心理治療。正因為她的分享與討論，父親才有機會接觸心理健康的知識。「一場對話可以改變未來。」凱拉妮說。

針對孩子的心理健康，父母是最重要支持者。孩子還住在家裡時，父母應多多觀察他們的情緒、行為和溝通方式的改變，包括是否煩躁、易怒或心事重重。孩子很容易口頭上說沒事，畢竟心理健康是個敏感話題。所以，我們應該要好好跟孩子說明，心情沮喪就像膝蓋受傷一樣，是可以看醫生的，而且這對健康很重要。只要獲得妥善的幫助，他們就能繼續參加比賽、拿出好表現。家人多多分享自己的心情與感覺，孩子們就不會逞強，並願意分享他們所感受到的壓力或悲傷。

當然，心理健康問題無法光靠家庭來預防，運動員離家後，會更依賴隊友、教練和訓練師。但家長若能以身作則，勇於處理自己的情緒和各種難題，並尋求心理治療師的協助，孩子也會更願意面對自己的情緒，並應用到運動場上。

安靜陪伴的重要性

包括跑步在內，賽事進行的過程瞬息萬變，犯錯也在所難免，所以裁判會做出有爭議的判決，運動員的情緒也會起伏不定。如何在意外、失誤中保持專注，是他們最重要的課題。為了避免衝動，他們必須從小學會調節情緒。這技能很有幫助，而且可以在運動場所以外練習。年輕運動員不該被訓練到麻木不仁，而是能識別情緒並加以應對。壓抑情緒只會造成反效果，正如短時間丟入太多食材到湯鍋裡。學著慢慢消化情緒，我們才能冷靜應對，並騰出空間給其他情緒。

本書作者凱蒂的兒子卡姆登剛滿七歲，難免會有情緒化的一面，包括暴怒或痛哭等。不過，雷老師教他深呼吸的技巧後，他感覺獲益良多，也體會到許多自欺欺人的想法只是為了逃避問題。對一個七歲的孩子來說，這是相當有智慧的見解，也是成年人應該學會的道理。凱蒂猜想，卡姆登在接下來的人生中會不斷運用深呼吸技巧，無論去打刺激的冰球比賽，還是練習後空翻、玩快艇衝浪。凱蒂見證過無數次，每次情緒激盪時，卡姆登總能熟練地調節思緒和行為。無論是犯錯還是獲勝，他都會運用從師長那裡學到的工具來建立韌性和信心。

值得一提的是，雷女士和她的丈夫馬克擅於教導年輕運動員調節情緒。他們的兩個女兒分別是十一歲和十三歲的活潑中學生，也參與過多種運動。雷女士自己在大學時熱愛足球，女兒們也追隨她的腳步。雷女士擔任女兒小學球隊的教練，並深信「運動是所有人都能享受的娛樂」。因此，她認為小學生應該多多探索各種活動，並順從內心的感覺，朝自己想要的方向發展。對於雷女士的女兒們來說，足球是自己選擇的項目，而不是在大人的期望下去做的事情。但加入球隊的重點不是奪冠，而是持之以恆。所以雷女士要她們全程參與賽季，與隊友建立連結，但不用太過擔心比賽的成績。

女兒在成長過程中都很熱愛足球，爸爸馬克也找到了自己的樂趣——帶著狗去看比賽。他總是遠離家長群，坐在安靜的角落觀賽，自在地享受孩子們競技。馬克這麼做有他的用意，因為他知道中央看台的氣氛很緊張，而他不喜歡跟著其他家長大喊大叫。女兒們都不喜歡大人在比賽中大聲吼叫，所以雷女士和馬克都給予尊重。在他們家，重點是練習的過程，以及透過運動所培養的價值觀。他們不會斤斤計較、過度關注和干涉，並意識到孩子們是獨立的個體，會有各自的經歷、技能學習和成長歷程。

事實上，許多運動員都希望父母靜靜觀賽就好，況且他們也聽不清楚看台上大吼大叫的聲音，就算聽見的話也會覺得很丟臉。有些運動員會假裝沒聽到。大人應該都不希望孩子為了好表現而故意忽略自己。家長有健康的觀念，才能順利將體育融入家庭生活中。對孩子來說，父母不過度參與，這段參與訓練和比賽的經歷才會值得回憶。

梅瑞迪斯是一名有執照的臨床社會工作者，而她的兩個女兒正值青春期。她小時候就有很多機會參加體育活動，因此她也這樣鼓勵女兒們，不過她們對於運動的偏好截然不同。她的大女兒對任何形式的競爭都不感興趣，所以最終發現自己喜歡跑步，這項運動令她感覺良好，也能減輕壓力。她每天早上五點十五分起床練習，也喜歡與朋友一起規劃跑步路線，或是假日到外地慢跑。另一方面，梅瑞迪斯的小女兒則樂於在競爭中茁壯成長。她喜歡各種運動，也熱愛磨練技能並向更高層次邁進。

小女兒後來確定她最喜歡的是足球，而隨著年齡增長，挑戰也越來越多。不久前，梅瑞迪斯送她去參加新球隊的選拔測試，而這支球隊屬於競爭很激烈的聯盟。梅瑞迪斯停好車到會場時，立刻覺得有些不對勁。那一貫活潑自信的女兒看起來筋疲力盡且神情沉重。梅瑞迪斯掃視場邊，發現其他父母看來也很緊張。他們若有所思地低頭做筆記，而教練們則大聲指正場上的選手。

梅瑞迪斯的女兒和朋友坐上車時，都確信自己不會獲選入隊。她們情緒低落、失望不已。而梅瑞迪斯也非常沮喪。她和其他母親聊過彼此的壓力，有些人甚至起了疹子。為了讓女兒加入足球隊，她們承受了這麼多煩惱。梅瑞迪斯突然意識到，如果連她自己都很難受，那麼女兒會怎麼想呢？又該如何開導她？雖然女兒通過甄選，但她們還是決定轉到另一個聯盟，也就是兼顧團隊合作、球技和正向心態的環境。

現在梅瑞迪斯的女兒還在面對各種挑戰，但運動員在這裡獲得更多的尊嚴與尊重。教練會給予指導而非批評，家長們不會低頭狂做筆記，而是一起支持球隊，鼓勵彼此共同達成目標。梅瑞迪斯決定要選擇有原則、重視品德和價值觀的訓練團隊，這樣才能把運動的精神落實到生活中。

擔任教練的注意事項

有些家長自願擔任孩子的球隊教練，這對於整個團隊的運作非常有幫助。沒有他們，許多聯盟和社區球隊都無法存在。但我們知道，父母與教練的角色不同，包括自己的孩子在內，要帶領所有球員並不容易。如果你決定擔任這個職務，以下是一些需要考慮的因素：

- 首先，詢問你的孩子是否樂見你擔任教練。要知道，他們也不希望看你失望或拒絕你，所以你必須鼓勵他們坦誠地表達感受、多關心他們的想法，這樣彼此的對話就能暢通無阻。
- 在賽季開始前，先設立明確的目標，讓孩子知道你會公正、平等地對待所有人。在練習或比賽時，你要告訴自己的孩子，教練要處理不少事務，所以無法隨時回應他的需求。而且，孩子想獲得更多的上場時間的話，就得跟其他隊員一樣努力爭取。第一次團練時，讓其他隊員知道你是家長之一，並保證你會做到一視同仁、隨時接受大家的意見和回饋。為了避免有偏袒的嫌疑，通常你會對自己的孩子更嚴厲、要求更高。若孩子發現這點的話，讓他表達一下自己的不滿，或請助理教練去跟他溝通。

- 比賽和訓練結束後，你的角色會從教練轉變為父母。開車回家時，你難免會跟孩子談論訓練進度和比賽情況，但不要過度分析，畢竟他們不是你的助理教練。比賽後，就改從父母的角度去傾聽孩子的心聲，問問他對事情的看法，不要急著發表自己的意見。如果他表現欠佳，就好好安慰一番，讓他知道你的愛與支持有多堅定。回家後可以聊些其他話題，不要把焦點都放在運動上頭。
- 孩子接觸到其他教練後，會在不同的理念和專長下成長進步。因此在一兩個賽季後，你就該卸下職務回到看台上，繼續當著稱職的父母。珍惜和孩子一起度過的時光和感情，以不同的方式繼續支持她。

多嘗試不同的運動項目

給孩子空間去發掘自己熱愛的事物，讓他們主導這個過程。運動是健康生活的重要元素，但正如梅瑞迪斯一家人所體會到的，這不限於參加球隊；健行、遛狗、在後院玩遊戲都很不錯。強迫孩子參加競技運動會造成反效果。內在動機非常重要，若「成為運動員」是家庭的核心價值，那孩子就會給自己壓力去加入球隊，而非真心喜歡。

父母常常會忘記要定期詢問孩子的想法。過了一個賽季後，他們的興趣可能會改變。無論你是否意識到，但你的臉部表情、嘆息和語氣都在傳達訊息。因此，因此，用真誠的表情和口氣告訴孩子，他們可以選擇自己喜歡的運動，不想打曲棍球、跳舞或游泳也沒關係，只要是他們自己的決定，你都會真心認同。

安吉麗娜曾經是NCAA一級田徑隊的成員，有段時間她在游泳方面展現出極高天賦。教練和家長都說她是天生的游泳選手、潛力無窮。然而，有一天她告訴媽媽，每天早上五點和下午五點跳進泳池時，她總是覺得很冷，所以不喜歡待在水裡。媽媽認同她的感受。「自己做選擇是非常重要的事，」現在擔任NCAA田徑教練的安吉麗娜這麼說：「我和媽媽說我想換個方向，她欣然同意。我表示不想著涼受凍，而她也只是平靜地說，她尊重我的決定。」

青少年大多希望在嘗試不同的運動後再決定要專攻的項目。但當前的運動體系沒有給學生太多時間和空間。這其實很可惜。一般來說，只要孩子加入球隊，全家人就會投入所有資源去支持。但有時給孩子多點空間，他們就會往意想不到的方向去發展。因此，家長也不要把運動看得太重要，或是要孩子去實現你未完成的選手夢想。這些潛在的期望都要放下。也許你熱愛馬拉松、足球，但孩子只想嘗試花式滑冰。你當然會感到有點失落，但唯有給予孩子自主權，讓他們做出適合自己的決定，你們的關係才會更加緊密。

你也應該體認到青少年運動對你們大人的意義，包括與其他家長建立友誼和凝聚社群。球隊的許多活動都有助於家長們建立連結：坐在看台上閒聊、週末一同到外地參賽、共乘接送和共進晚餐。不過，小孩轉去嘗試其他活動後，你就不得不離開這些已建立情誼的家長。孩子有所進步時，父母會很有成就感，覺得自己是成功的爸媽；這樣的認同感會讓人上癮，你在球隊社交圈中的地位也會因此提升，甚至帶來新的機會和人脈。要放棄這一切讓孩子去嘗試新事物，的確不容易。

至少，我們應該敦促孩子們堅持承諾、完成一整個賽季的訓練（除非他們有身心健康上的顧慮），但之後就可以嘗試其他事物。父母最重要的工作，就是觀察孩子在不同環境中的反應，並且評估他們是否需要更多的挑戰。

二〇二二年的鐵人三項世界冠軍雀兒喜・索達羅（Chelsea Sodaro）也在思考女兒在運動

方面的興趣。「我不想當她的教練，因為我比較容易激動緊張，會給她許多壓力，」雀兒喜說：「我希望她能在生活中找到意義和目標，而不要以為做人的價值是基於任何成就。不管她在運動方面的表現如何，我們父母都會支持她。」

的確，家長都希望運動只是一種催化劑，以幫助青少年了解自我、學習如何應對周遭世界。減少壓力、不強調成績，孩子們就不會懷著恐懼和不切實際的期待去參加比賽。如此一來，他們就能充分發揮自己的運動能力，並養成正向的性格和健康的生活習慣。

第四章

二十一世紀教練工作的新挑戰

針對運動員的發展，影響最深的就是教練。兩者的價值觀一致、溝通方式順暢，運動員的生涯才能持久並保持身心健康。

艾芙琳將球傳向本壘，不過對手還是順利得分。全美女子職棒聯盟的羅克福德桃子隊因此失去兩分的領先優勢。這失誤影響很大，她都還沒走進休息室，教練杜根就對著她大吼大叫，毫不在意隊友、觀眾和對手的眼光。

生性內向沉靜的右外野手艾芙琳忍不住淚流滿面。

「妳在哭啥?妳在哭啥?」杜根咆哮:「別在場上給我來這招!棒球選手不會哭!」

杜根滿嘴髒話又暴怒失控，主審便將他驅逐出場，桃子隊的球員大聲歡呼，目送這位脾氣火爆的教練離場。

以上的劇情是虛構的，是電影《紅粉聯盟》（A League of Their Own）的經典場面。遺憾的是，對許多運動員來說，這種場景並不陌生，甚至自己就是教練指責的對象。湯姆．漢克斯飾演教練杜根，在他的幽默演繹下，這段劇情令人難忘。但我們都知道，這些言行在現實生活中並不好笑。以今日的標準來看，杜根的舉動就是言語虐待和霸凌。

在情緒激動中，杜根坦承，他自己在當球員時，教練也是如此對他大聲呵斥。這種執教方式代代相傳，沒人想要改進或調整，哪怕是帶領一支生澀的新球隊。《紅粉聯盟》的故事大多是虛構的，但其中一些情節仍然很有現實感。許多教練並非有意斥責球員，但還是會不自覺地採用自己經歷過的執教方式。這些手段大多是為男運動員設計的過時方法。我們現在知道，無論是針對哪種性別的運動員，威脅並不是有效的激勵手段。不過，如今很多教練還是會逼迫球員爭取好成績。

像許多NCAA的運動員一樣，游泳選手艾莉卡也遇到教練更換的問題。新教練上任後，她馬上就發現對方的言行很像自己青少時期的教練，所以她感到很不舒服。他不是悶不吭聲，就是大吼大叫，對於表現不符合他期望的選手，就會完全忽視。當隊伍前往夏威夷訓練營時，即使泳池的氯泵故障了，教練也拒絕取消訓練。泳池的水看起來像牛奶，其他隊伍出於安全考量都選擇休息一天，但艾莉卡的教練卻要她們下水。「我們的泳衣被漂白，護目鏡的帶子斷了，我的眉毛幾乎掉光，」艾莉卡說：「有些女孩甚至受傷流血了。」

游了一小時後，教練告訴選手可以離開游泳池，但今天沒練的隔天要補上。「有些隊友跟自己的父母抱怨這些事，結果他們非常生氣，」艾莉卡說：「我請求我父母反應不要太激烈，因為我不想引發騷動。我怕教練會找藉口不理我。他一再說我表現不好，還不斷提醒我，他們給了我多少獎學金。」

在運動領域中，教練與選手的互動是最重要的人際關係，除了比賽策略和訓練計畫等專業知識外，選手在各方面都要依賴教練。教練身兼多職，包括導師、激勵者、安慰者、顧問等。最好的合作關係是以信任為基礎。一方面，運動員必須相信教練會顧及自己的最佳利益和福祉，且兩人擁有相同的目標。另一方面，教練也得相信選手的能力以及自我判斷，並創造一個安全環境，讓他能坦率地表達感受。在相互尊重的前提下，訓練團隊深入理解選手要追求的目標以及合作模式，才能得到更好的成績。

從本質上來說，教練與運動員的權力是不對等的。球員要哪打個位置、上場時間多久、訓練方式以及申請獎學金的資格等重大事項都由教練所決定。此外，教練還掌握一項運動員最渴望的資源：讚賞和關注。游泳選手艾蜜莉告訴我們，她老是覺得自己因表現不好而被忽視。某天，她在離開重訓室時碰到了總教練。他拍了拍她的肩膀說：「幹得好！」她當時感到非常驚訝。艾蜜莉說：「我發訊息給我爸，那時還覺得很好笑，但現在回想起來是挺難過的，彷彿從教練那得到了點讚賞，我的運動生涯就達到高峰了。」

顯而易見，信任是這種關係的基石，無論是大專競賽或青少年盃賽，教練都要耗費心力扮演各種角色。

卡羅琳．多提（Caroline Doty）曾跟著康乃狄克大學女籃隊拿下三次全國冠軍，畢業後也擔任過威斯康辛大學女籃隊的助理教練。她借鑑自己當球員時的經驗，每年指導十七名運動員。在NCAA賽事期間，她也用心觀察各隊教練的理念和方法。卡羅琳說：「這個角色之所以複雜，不光是要扮演選手的父母或朋友，而是要體認到在某些關鍵時刻你們必須心手相連。」

威斯康辛大學的隨隊練習生瑪麗說，以前她總要掙扎一番才能去練球。幸好卡羅琳成為她的動力泉源，因為她總是張開雙臂、帶著燦爛笑容迎接自己。瑪麗說：「她隨時準備好要伸出援手，每位球員都知道，只需要一通電話，就能得到她的關心。」她補充道：「她和我們關係密切。我們可以放心接受她的批評，並聽從她指導以提升球技，因為我們都已經建立了對她的信任和愛。」

卡羅琳與球員們的連結是透過頻繁訪談而建立起來的。她了解球員們的生活近況以及各方面的表現，包括課業和社交活動等。從整體來理解並培養球員的發展非常重要。當然，開啟溝通管道、幫助運動員感受到連結與支持，這項工作很耗時間。但卡羅琳非常明白，教練的任務包山包海，參加訓練、開會、比賽、出差、招募球員……從事這一行的人都知道這是件苦差事，尤其是大學校隊的教練。

NCAA在二〇二三年一月發布針對教練的身心健康報告，結果顯示，無論是哪一個級別，有百分之四十的總教練長期感到「精神疲憊」。[1]他們特別煩惱的事情有：安排課表、挖角球員、工作保障、預算以及個人的財務和家庭問題。不少教練都表示，球隊預算常被砍，但又得承受贏球的壓力，這根本是不給人活路。一位壘球校隊的教練說：「我們的工作一年一聘，飯碗都取決於這群大學生的表現……執教時還要擔心自己會失業，這種感覺真糟糕。」

三分之一的大學教練因此感到不堪重負，還有睡眠障礙的問題。他們都強調，訓練時首要關注的是學生的心理健康，其次才是身體健康、人身安全、性別平等和包容性等。一位女子袋棍球教練表示：「身為教練，我們應該要隨時為學生解除危機、提供幫助，然而與此同時，我們的情緒和健康卻沒有人在乎。」

這真是惡性循環，不是嗎？教練要提供選手心理上的支持，但自己卻被各種俗務絆住。其實教練也需要心理方面的協助，但體制內卻缺乏相關的規範和政策。

教練再怎麼疲憊，都還是球員最安穩的依靠，但在緊張和壓力的累積下，他們的關係也會受到影響。卡羅琳還記得選擇這條路的初衷，她說：「我希望幫他們創造優秀的表現且合乎道德的經歷。教練若失去對教育的初心，就可能會濫用權力。」

多多詢問小選手的感受

針對運動倫理，科羅拉多大學的社會學家羅伯特・休斯（Robert Hughes）和傑伊・科克利（Jay Coakley）在一九九一年發表的論文至今仍被廣泛引用。[2]他們發現，運動員有一套傳統的價值體系，包括犧牲、忍痛上場、接受風險、突破極限。不管是否發自內心，唯有表現出這些精神，才是真正的運動員。休斯等學者指出，這種「過度順從」反而會使運動員更脆弱。他們寫道：「運動員過度遵守運動倫理，受益的反而是球隊老闆、經理、贊助商和教練，也就是真正握有實權的人。」

這套倫理觀深植於體育界，只要仔細檢視，就會發現它對運動員沒有幫助，而教練有責任加以釐清。

一開始，教練應該向年輕運動員介紹健康的訓練方式與環境。問題不在於教練的權力有多大，而是在於如何運用和行使。我們訪問過幾位七歲的小朋友，請他們談最喜歡教練的哪些特點。莫莉說，她喜歡教練在練習前為她編辮子，也就是一對一的相處時光。柏文的教練會在球隊得分時面露喜悅。瑞安則喜歡她教練的名言：「輸掉的比賽是為下次贏球做準備。」艾佛莉則是敏銳地觀察到，教練的孩子總是隊上最強的，因為「教練會花時間看她練習，而她總是知道該做什麼」。艾佛莉是天分極佳的籃球選手，她給我們大人一個重要的教訓：孩子總是在觀察你，而且注意到的細節比你想像得更多。

這些都是小學一、二年級的學生，而她們參加的校隊已有明確的訓練方針。對這些教練來說，這個年齡層的女孩很容易半途而廢，因為她們的進步和成長速度各不相同，得設法平衡她們的興趣和能力，最好讓她們自己去探索運動的樂趣。教練可以設計遊戲來介紹各種運動的技巧以及通用的基本規則，並強調身體活動而非表現。我們希望這些初萌芽的小小運動員能夠發現，運動能帶來夥伴、友誼和喜悅，並因此在未來的人生中繼續保有這個興趣。

大學體操選手艾莉記得，小學時的教練每週會在白板上寫著鼓舞人心的金句，每次練習後，也會請隊員們分享彼此的感受。為了凝聚團隊的情誼，每週六的練習開始前大家會一起跳舞，這個有趣又輕鬆的活動有助於緩和心情。艾莉那時已會給自己極大的壓力，而教練們會試著幫助她放輕鬆。「我認真看待這項運動，也喜歡競爭的感覺，」艾莉說：「有一次比賽，我記得教練們會在場邊模仿鳥叫聲逗我笑。他們會試著讓隊員保持正向的心態。」

二〇一九年，女性運動基金會（Women's Sports Foundation）發表一項綜合性研究〈性別化訓練：幫助青少女運動員發揮最大潛力〉（Coaching Through a Gendered Lens: Maximizing Girls' Play and Potential）[3]，內容探討女孩與教練的互動過程，以了解女性持續參與運動的誘因。基金會希望能更加理解，實務上有哪些教法可以克服常見的障礙。研究人員訪談了女性運動領域的專家，以及一千一百二十九名七至十三歲的運動女孩及其家長。此外，女性運動基金會也挑選出六十四個優質的運動計畫，好為缺乏資源的女孩提供運動機會。

調查後發現，女孩們喜愛能提升社交互動的運動計畫以及好溝通的教練，他會讓你嘗試新技能，但不會因為失敗而懲罰你。女孩是否有意繼續參與運動，完全取決於教練的影響，而最受歡迎的教練都是「掌握學習」（mastery learning）派的，也就是能與學生相互支持，並透過階段性的目標和獎勵，提升學生的技巧。女孩們希望能維持運動的樂趣，也樂於接受良性的競爭。事實上，競爭和獲勝也是一種樂趣，前提是犯錯或表現欠佳不會受罰。

根據這些調查結果，專家們建議，球隊應提升女孩對比賽的興致，也該提供良性的社交環境。這兩個目標可並行不悖。專家們警告說：「教練不鼓勵競爭的話，女孩們會不知不覺地認為，女性運動不像男性運動那麼受到重視。而女孩會貶低自己的運動能力，對運動員的認同感也會減弱。」另一位專家指出：「教練應保持友善的態度，但不需要太溫柔，彷彿把女孩當作嬰兒，或低估她們的能力。記住，她們都是強大、有能力的個體。」

孩子們知道自己想要什麼、需要什麼，只是大人須願意傾聽。七項全能選手布里安娜・伊頓（Brianne Eaton）在光輝的職業生涯中獲得了多枚世錦賽和奧運獎牌，她的教練是哈里・馬拉（Harry Marra）。身為頂級的精英教練，哈里對青少年教練的建議是保持簡單，即「培養孩子們天生具備的敏銳感」。他舉出多個例子，說明運動技能是與生俱來的，孩子天生就能正確執行基本動作。他播放了一段影片，顯示一個未經訓練的年輕女孩也能完美地執行跳遠動作。然而，很多教練和父母會在無意中傳授違反本能的技巧，導致孩子質疑自己早已熟悉的能力。

哈里呼籲，每個運動員都要試著回歸自己的本能，即使是像布里安娜這樣的頂級選手也不例外。經過多年的觀察和體會，他得出結論，選手無法發揮本能，原因在於各級體育單位只在乎權力和金錢，不惜一切代價只想拿獎牌。他指導過世上最優秀的運動員，也拒絕被名利影響自己的判斷。他希望運動員在進入人生下個階段時仍保有活力，知道自己需要什麼，從而過上幸福、充實的生活。

布里安娜說：「我們的目標非常簡單：贏得奧運金牌，但我從未感覺到他把我們的身心健康擺在第二位。」布里安娜的丈夫、奧運十項全能雙金得主阿什頓・伊頓（Ashton Eaton）也是哈里的學生，他說：「教練鼓勵我們每年休息三個月，徹底遠離訓練和比賽，這對田徑運動員來說是聞所未聞的。我們很快意識到，旅行、拜訪親友、享受平時無法參與的活動非常重要。」

由此可知，我們應該多聽年輕運動員的心聲。如果女孩們想彼此一較高下，教練就應該創造安全、有趣的環境讓她們玩個痛快，享受勝利、也體驗失敗，以正面的方式加深這些體驗的意義，但不是透過懲罰或獎勵。教練應保持開放的心胸，在觀察球隊的弱點後加入新的練習和技能，但不應該因為犯錯而辱罵選手。一切都是成長的機會，重點是建立運動員的信念、自信和態度，勝利還只是其次。記住奧林匹克誓詞：「人生中重要的不是勝利，而是奮鬥；關鍵的不是獲勝，而是是否戰得精彩。」

父母若想了解孩子是否感受到來自教練的支持並享受訓練過程，就應該留意他們的態度。準備去練習前，他們是否會感到興奮？是否說過「想要更多上場時間」？他們會分享比賽和練習時發生的事情嗎？談論那些經歷時，他們的語氣是興奮、充滿活力，還是洩氣、沮喪？他們會在家自主練習嗎？我們應從這些跡象來判斷孩子是否在運動中得到成就感。

如果孩子常常在練球前身體不適，比如肚子痛或感到煩躁，那麼父母就該去了解訓練場所有什麼環節令她們感到不舒服，包括教練本人。我們會在第六章深入探討性虐待、情感虐待和言語虐待，教大家辨識出警示訊號，讓運動員及其父母另做安排。更重要的是，那些不當行為一定要呈報給相關部門，包括學校、政府的主管單位等，請他們進行調查。有些人會說，這只是「硬派教練的嚴厲作風」，當然，教練有權維持選手的紀律和高標準，但若手段越界成了操控和霸凌，就不再是合理的訓練法，而選手也可能罹患憂鬱、焦慮或其他心理健康問題。

教練也要接受訓練

找尋資源、與運動員建立健康的關係以及共同的目標……這些都是教練要面對的難題。每項運動都有檢定和認證課程，但許多學校都沒有規定教練要有這些資格和經歷，唯一的要求就是沒有前科。儘管如此，根據《二〇二二年阿斯本運動計畫報告書》，百分之四十五的義務教練都沒接受過審核。[4]這些教練在許多方面都有問題，除了教學技巧不好，也不知道如何公正地遴選球員以及在比賽中發揮球隊優勢。他們無法幫助選手提升學業成績，也不會評估其體能以及心理健康狀況。

即使是正式約聘的教練，無論是在中小學、大學還是職業運動界，不少人也未接受過正式的培訓，更不知道該如何帶領女性運動員。女性在生理和心理上有其特殊之處。重要的是，如果我們僅依據勝敗紀錄來衡量教練的優劣，那麼就不會有動力去關注運動員的長期福祉。

例如，運動員是否會在生病或受傷時仍被迫出賽？如果教練的唯一衡量標準是勝利，那他會顧及其他的道德問題嗎？求勝固然很重要，應該得到認可和獎勵，但如何贏得比賽同樣至關重要，像杜根那種帶隊風格並不可取。

田徑越野選手維多利亞來自南方某所NCAA第一級的大學。她剛進入大學時，遇到一位情緒不穩定的教練，經常對女隊員們大喊大叫。「她經常威脅我們，說如果我們表現不好害她丟掉工作，我們也會失去獎學金，」她說：「那就是她的執教風格。」幸運的是，這位教練最終被解雇了，新的教練團隊會定期關心維多利亞和隊友們的身心狀況。他們也始終對她的進步表示肯定。「他們總是會問今天狀況如何，能順利練習或上場嗎？」她說，這個簡單、開放的問題促成了信任的文化，讓隊員們更願意坦承自己的身心狀態。

來自美國中西部大學的鐵人三項運動員薩黛表示，她的教練認為運動員是「真實的人」，並鼓勵大家去做心理諮商，即使只是去談一些對生活的想法和感受。薩黛說：「如果最近有很多作業要交，我們就不需要去參加泳訓，專心應付課業就好，」她補充道，如果學業成績下滑，教練還會取消該名同學的上場機會。

越來越多人意識到，積極關注選手的心理健康已成為教練的重要工作，而這也是一項艱巨的任務。教練也知道，自己得充當第一線的心理健康急救員，但他們通常未接受足夠的訓練，所以很難發揮作用。事實上，運動員若遭遇飲食失調、焦慮、憂鬱或萌生自殘想法等問題時，教練必須透過複雜的處理流程去化解。NCAA本身就有一整套的綜合實踐方法，但只提供給一級運動員。即便如此，由於心理健康的專業人員不足，所以他們要等待很久才有機會去看診。

護理人員短缺是舉國皆然的現象，所以教練也很難確保自己的選手能獲得所需的幫助。不只一位運動員告訴我們，他們覺得自己的隱私被侵犯，因為體育單位的心理健康人員不夠專業，不但會散播選手的私事，也會把他們的抱怨和不滿跟教練說，但那本應該要保密的。

現在的情況與十年前截然不同，那時候的教練才不敢問運動員是否有自殺的念頭。往好處想，現代人確實更加理解心理健康的議題，但教練也需要一套方法去落實這些觀念。有位教練跟我們說，某位選手透露她有自殺的念頭後，他便請她馬上去掛急診。當時他並不知道自殺的念頭有輕重之分，正如有些人每天都想死卻依然平安地活著。醫院讓這名選手出院時，教練感到非常震驚，還懷疑醫生是否有妥善評估她的情況。也許是出於無知，他沒有建議她去找心理治療師，反而要她離開球隊休息一陣子。後來這名選手沒有嘗試自殺，但也沒有返回球隊，因而失去了她原本熱愛的活動。

仔細探究的話，我們可發現，這位教練不自覺地消除了這位選手的「保護因子」，也就是說，當我們有自殺念頭時，只要深思對自己重要的人事物，就可以有活下去的動力。生活中有保護因子，自殺念頭的實現性就會降低，我們能靠它來鼓勵自己活下去。比方說，身為某團隊的一份子、擁有認同感，就能產生這樣的保護力。從這方面來說，加入球隊是利大於弊。但教練若沒有心理健康方面的知識，就無法了解這些微妙的作用，也不知道什麼是危險的徵兆，以及如何與陷入困境的運動員溝通。

對年輕運動員來說，最頻繁接觸的成年人就是教練，但他們往往沒有開導他人的專業技巧與知識。在這個案例中，教練太害怕學生想不開，加上沒有心理方面的背景，所以做出了有害的決定。其實，透過相關專業人士和醫療人員的協助，運動員就能走向正確的道路。

不鄉愿、持續進化

凱拉妮是德州一所小型大學的田徑運動員。在進入大學、面對艱難的過渡期時，她感到深深的憂鬱，不知道該找誰訴苦，便求助於她的教練。教練不太重視她的問題，還說學校裡沒有人能幫忙。她只能孤獨地承受這一切，無人可以訴說。「我腦袋不停運轉，食欲變差、作息不正常，幾乎沒什麼精力，有時情緒太激動，有時過於冷漠。」她說道。到了下個學期，新教練上任，並主動聯繫凱拉妮，想了解她所經歷的困難以及前一年的事情。「我的情況因此完全改變了，」她說：「他給了我很多正向的鼓勵，並幫助我找回跑步時的安定自在感。」這位教練懂得肯定她的感受和經驗，並提供相應的支持。

根據美國奧運與帕運委員會（US Olympic and Paralympic Committee）的教練教育課程，優質教練所關注的是全人發展，包括個人在情感、文化和社會各方面的認同。[5] 教練應根據選手的年齡和能力與其共同設定具有挑戰性的目標。教練還應為自己的決策提供合理解釋、認可選手的進步並考量在運動之外會影響訓練和表現的因素。

例如，某大學的特技體操隊有名新生來自偏遠地區，她家鄉的地理背景，而她老是把自己的種族偏見歸咎於自己的出身。在入學後最初幾週，隊員們聚在宿舍一起練加油歌時，她提議，只要一唱到「黑」字，大家就指著某位黑人隊友。她認為這樣做很有趣，但那位黑人隊友提出抗議，認為這是種族歧視又冒犯人。不過她依然故我，而且教練得知後也並未確實介入處理。校方立即派遣一位教職員到隊上了解情況，但是他沒有受過團隊溝通的訓練。隊員們接收到的訊息是，這位來自小鎮的白人女孩只是不懂事而已，所以學長學姊們有責任教導她。校方也沒有正視那位黑人隊員所受的傷害並加以撫慰。這個現象在美國很常見，大家只關心白人加害者，卻忽略了種族主義已滲透到校園各處。許多教練不好好培養自己的協調能力，反而要被歧視的同學心胸寬大一點。

最終，那位白人運動員還是離隊了，而這位黑人同學的內心才感到有點安慰。儘管如此，隊員們仍然擔心，這個事件會影響到大家的心情跟安全感，他們要求那位白人教練交代事情的來龍去脈，但校方卻禁止教練公開討論此事。事實上，不管在哪個運動團隊，任何形式的種族主義都不該被容忍，這個普世價值應該自領導高層向下落實。為了建立成員們的信任感，教練需要清楚說明，他們會如何避免發生類似的情況、發生的話又會如何幫助運動員。整個體系有責任支持和保護弱勢族群。

許多教練都跟我們表示，自己肩負了各種林林總總的責任，尤其是待在資源匱乏的球隊，大家都會來找他們幫忙。教練身兼輔導員、營養師、物理治療師、性別平等的宣導者、朋友、家長以及外出比賽的領隊。但他們不可能同時扮演這些角色。他們必須清楚知道自己的專業知識和經驗有哪裡不足，並適時尋求支援或接受相關訓練。比方說，非營利組織「躍起」（RISE）以及「慢慢談」（A Long Talk）有專門為體育界設計關於種族歧視與社會正義的課程。美國足球基金會（US Soccer Foundation）則與「萬能媽媽」（Mom of All Capes）合作，提供反種族主義的教練工具包。

情緒智商高、覺察力強的教練，才能力提供安全、成功的運動體驗。他們情緒穩定、防衛心較低、不那麼容易激動。他們也能幫助運動員調節場上跟場下的情緒波動。就像父母一樣，教練保持冷靜，面對比賽不緊繃、不激動，就能夠營造出健康、符合道德的團隊文化。他們能有效控制自己的言語、表情和肢體動作，以鼓勵球員堅持下去。持續學習、追求成長、願意認錯的教練才能幫助團隊達成目標。

教練應該把持的界限

艾蜜莉七歲開始學游泳，也在上大學時夢想成真，獲得南方某所NCAA一級學校的獎學金。她一直希望能進入有強大美式足球隊和校園精神的大學，而一切都正如她所願。然而，第一次參加訓練後，她立刻感覺到怪怪的。總教練叫新生出列，一人發一塊海綿，要她們擦拭起跳台。「那時的感覺和氛圍很差。彷彿我們處於底層，需要做一些單調乏味的瑣碎工作來提升地位，」艾蜜莉說道：「這個團隊很看重年資，所以新人會很辛苦。」

她很快就發現，教練什麼都管，連隊員的週末活動都會注意，如果犯錯的話，不光是當事人受處罰，整個團隊都會被斥責。有一次，一些未成年的選手溜進酒吧喝一杯。教練得知這件事後，沒有以正常的校規處理，而是加以羞辱。他們得把運動服和泳帽反過來穿戴，因為這些壞學生配不上校徽。練習時沒有提前十五分鐘到的選手還會被痛罵一頓，但教練不是為了灌輸守時的觀念，只是為了樹立權威和恐嚇選手。

為了避免被罰，艾蜜莉每次都會提前四十五分鐘到游泳池。她的焦慮不斷升高，胃口和體力也越來越差。教練們的態度反覆無常且難以預測，這正是他們刻意塑造的團隊文化。矛盾的是，男選手做很多粗魯討厭的行為也不會受罰，女生卻沒有犯錯的餘地。艾蜜莉感到焦慮和不安，因為她從小熱愛的運動已變成魔鬼訓練營。「我常常在發抖、心跳加速，身心都非常不舒服。」她回憶道。

運動員當然該對自己的不當行為負責，但教練有責任立下明確和一致的賞罰標準，並清楚地向選手說明。有些教練會請選手參加內部會議，一同討論出眾人應遵守的規定與達成的標準，包括課業成績、行為規範、訓練的紀律以及團隊合作。選手最好出席這些會議，尤其是女性運動員，因為她們老是被施以過高的行為標準。相反地，一般選手肯定會被罰的犯錯行為，美式足球選手做了卻往往都沒事。因此，教練應該與運動員一同約法三章，以提高他們的認同感以及團隊運作的透明度。透過團隊協議，運動員對教練會有合理的期待，而教練應承諾公平且尊重地對待每一位隊員。

隨著運動員年齡的增長，教練合宜行為的範圍也會縮減。例如，教練絕不可以透過簡訊、電子郵件或社交媒體與隊員單獨聯繫。教練要跟某個隊員溝通的話，內容也要讓其他隊員得知，至少要先告知其家長。此外，運動員也絕不能與教練單獨搭乘交通工具。

有些教練會試圖掌控選手訓練以外的生活，比如限制他與家人、朋友和伴侶的相處時間，甚至過度關注運動員的戀愛生活。教練這種越界的舉動，是試圖排擠運動員的支持系統。其他的不當行為還包括追蹤選手的社群帳號、無視他的存在、不讓他參加訓練，或是加以嘲諷、謾罵、羞辱、恐嚇或威脅。此外，評論運動員的外貌或嘲笑他的身體特徵，也是不適當的言行。

事實上，這些方法不僅有害，還無法產生真正的教學成果。運動員只是怕被嘲笑並取悅大權在握的教練才努力，而不是為了與隊友一起合作、共同達成目標。雷厲風行的教法在短期內有效，但無法帶來長遠的成功。而且運動員身心所受到的傷害，需要多年才能治癒。

相關單位應該採取更多措施與指標來評估績優教練的帶隊方法，並鼓勵他們以合乎道德的方式來求勝，以確保選手的身心健康。例如，歷年來有多少球員在這個球隊順利待到畢業、有多少選手因過度訓練而受傷、捐款支持的校友是否踴躍等。

教練人選多樣化

大多數體育活動都是由白人男性領導，這大家都習以為常了。所有的統計數字都證實了這個觀察，這一點從電視、社群媒體或報紙的體育版都可以看出來。塔克女孩和女性運動研究中心（Tucker Center for Research on Girls & Women in Sport）每年都會發布一份「成績單」[6]，詳細說明有多少ＮＣＡＡ女子運動隊伍是由女性和有色人種女性帶領的。根據二〇二一年的資料，ＮＣＡＡ的三百五十七個一級機構中，有三千六百一十七位女性隊伍的總教練。其中百分之四十二點七是女性，只有百分之七點三是有色人種女性教練。根據二〇二二年的報告，在八十七所學校的九百八十個女性運動隊伍中，女性總教練所佔的比例達百分之四十六，比前一年增長了百分之二點三。但請注意，女性所佔比例仍不到一半。

根據阿斯本研究所的運動計畫報告書，在青少年運動領域，女性的參與度有所增加，但在十四歲以下選手的隊伍中，女性教練僅佔百分之二十六。男性教練指導女孩的機會是女性教練指導男孩的兩倍，這顯示在所有運動層級中，女性仍沒有資格指導男運動員。

儘管其他產業的女性主管越來越多，但體育界在這方面卻停滯不前。為什麼要強調這點？這並不是說男性不應該帶領女性團隊，但不管在任何領域，主要族群若被排除在決策之外，管理階層就會缺乏實現目標（如贏得比賽）所需的技能、觀點和知識，教練也不例外。

我們知道，在運動團隊中，女性教練可成為女孩們的榜樣，以改變「女孩不適合當運動員」的傳統觀念。看到女性擔任領導職位，女孩就更能理解自己的潛力，並打破她們在體育界看到的刻板印象。女孩比較願意向女性教練敞開心扉，談論外貌、青春期和月經等問題。

她們最好從值得信賴的成年人身上獲得這些知識，若遇到沒有教育觀念與同理心的教練，她們反而會因此離開運動圈。

許多女孩告訴我們，與男教練談論像是月經等話題時，常能感受到對方的不耐煩。「男教練會說，『反正告訴我妳月經何時會來，我們調整訓練計畫就是了。』」西北地區的高中田徑越野選手卡蜜爾說：「但他其實根本不了解跑步和月經的關係。但其他女教練會研究月經週期對女性身體和訓練的影響。」卡蜜爾表示，她從女性教練那裡學到了更多有關「運動相對能量不足」的知識，也了解為什麼女性運動員要更加留意能量的攝取和消耗，這些都是她從男性教練那裡得不到的知識。

根據女性運動基金會的資料，年輕的女性運動員更會相信女性教練的建議，因為教練們有過相似的經歷。[7]研究人員發現，表示「非常」或「非常非常喜歡」自己教練的女孩，前者有百分之八十二、後者有百分之七十三是遇到女性教練。相較之下，表示「還算喜歡」或「完全不喜歡」教練的女孩，大多數是接受男性教練的指導。

女性教練的職業生涯充滿挑戰，特別是在大學層級，因為招聘工作通常由白人男性主導，僅有百分之二十五的NCAA運動總監是女性[8]。男性往往偏好聘用自己認識或跟自己氣味相投的男性。因此，女性常常只能擔任低薪的助理教練職位，晉升機會也很少。為了向更高層級邁進，她們往往需要到外地工作，所以很難顧及家庭生活和孩子。

女性教練比男性教練受到更高標準的檢視和批評。塔拉曾是NCAA一級學校女子足球隊的教練，她的隊伍獲勝時，眾人不斷讚美她的能力，但輸球時就會在內部會議被砲轟，她說：「感覺像是額頭上貼著失敗者三個字。」她的價值與受到的待遇完全取決於比賽結果。她在她執教的第七個賽季，校方跟她攤牌，如果球隊再達不到預期目標的話，她將被解雇。她認識一些男籃及美式足球隊的教練，這些男教練對此都不以為意，說：「沒什麼大不了的，大家都可能被解雇。」其中一位教練甚至被解雇過五次。塔拉說：「但男性的薪水比較高，足以應對搬遷、意外事故或裁員，但我承擔不起，而且帶著兩個小孩到處搬家風險太高了。那個賽季我沒達到目標，立刻就被解雇了。薪資的不平等迫使女性得離開這個行業。」

薪資差距加上不當待遇，許多女性教練選擇離開這個職業。留下來的人常常扛起太多責任又超時工作，只為了證明自己有資格，還當作是自己的本分。在這些議題中，同工同酬還算是比較具體可討論的。女教練常常找不到可信賴的人去傾吐自己被剝削的問題，只能退而求其次，去爭取薪資表上的數字。

儘管面臨這些挑戰，但對朗達・芮利（Rhonda Riley）來說，當教練仍然是獨特且收穫滿滿的經歷。朗達在高中時曾參加足球和田徑隊，進入奧勒岡州立大學就讀後，還到一所高中擔任田徑隊的義務教練。她和學生們一起跑步、與建立深厚的感情，也喜歡了解她們除了運動外的不同面向。她樂於在她們生活中扮演重要的角色，包括指導訓練、一同參與比賽等。朗達畢業後，奧勒岡州立大學成立了女子田徑和田徑越野隊，於是她前往總教練的辦公室毛遂自薦，表達她對教練這份工作的愛以及能帶來的貢獻。總教練同意讓她擔任助教，過程中，她更加堅定地認為將來要投入教練工作，於是進入亞利桑那州立大學攻讀教育領導的碩士學位，並以研究生身分擔任田徑隊的助理教練。在此期間，校隊贏得了兩個全國冠軍，她也學到了頂尖訓練營的運作方式，最終成為營運總監，負責管理預算、後勤和賽程安排。

完成碩士課程後，朗達再次踏上新旅程，這次她轉到范德堡（Vanderbilt）大學，仍然是擔任助理教練。她在這個職位待了九年，以助理教練來說算久的了。然而，她很喜歡與那位總教練合作，而田徑隊也穩步成長，在她任職第四年時，團隊在全國錦標賽取得第六名的好成績。到了二〇一六年，杜克大學主動聯繫朗達，邀請她擔任女子長跑隊的總教練。范德堡大學的總教練建議她接受這個職位，因為她在范德堡已經沒有發展空間了。

朗達帶領杜克大學長跑隊取得了許多成就。二〇二〇年，隨著新冠疫情爆發，當時田徑越野隊的總教練決定退休，朗達於是成了代理總教練。她也開始指導男選手，並時常關心隊上的大一新鮮人，以陪他們走過這段青黃不接的時期。直到今天，畢業生還常常會發簡訊給她，感謝她的付出。朗達曾爭取要成為正式的總教練，但最終沒有成功。雖然感到失望，但她也藉此重新評估自己的職涯方向，以兼顧自己的價值觀與興趣。她的做法不一定能帶領團隊奪冠，但至少會把選手的健康與福祉放在首位。

朗達現在從事房地產工作，還在波特蘭州立大學擔任義務教練。她覺得自己過得比以前快樂。她終於能做自己最喜歡的事並發揮所長，也就是激勵、啟發並指導他人，而且身邊的人都支持她的做法。她也帶領一個支持女性教練的非營利組織，以幫助年輕的女教練留在業界。她期待，長年位居高職的男性教練退休後，體育界能有所變化。朗達說：「數十年來，這些人為運動文化定調，如今變革即將到來。」

第五章

月經：健康與成長的象徵

對於活力十足的女孩來說，青春期充滿了生理和心理的挑戰。她們需要照顧者、同伴和教練的支持與教導，否則常常會在身體形象這件事情上糾結。

就在生活已步上正軌、全家都習慣有體育活動的作息後，孩子的青春期突然來臨，天翻地覆的改變又要開始。不光是父母和照顧者得煩惱，女孩們也要面對自己在身體、情感、內在和外在的劇變；她們將從孩子變成小大人了。對女性運動員來說，青少年時期是重要的轉捩點，會產生長遠的影響。這種情況萊絲莉．盧（Leslie Lu）最清楚，她今年二十一歲，在NCAA的第三級學校打排球，而目前的生活與她青春期的成長發育息息相關。

小學四年級時，萊絲莉．盧已長到一百六十五公分，遠高過班上所有同學。當時，她的身高是足以自傲的資本，跳舞時，修長的腿和纖細的身材常常受到讚美。上國中以後，她自然而然成為排球隊的預備人選。「很多女生都很羡慕我，我也跟教練建立了密切的關係，因為他看到我在運動方面的潛力。」萊絲莉回憶道。她的青春期很快就來臨，十二歲時，她是同學中月經最早來的一位。她感覺這一切都很不正常。她說：「我感到孤單、沮喪和焦慮。在更衣室裡，大家會聽到我打開衛生棉包裝紙的聲音，並竊竊私語。我害怕彎腰或摔倒。對於每個月的那一點跡象，女生的評論都很刻薄，而男孩們則會竊笑。」

進入高中一年級時，萊絲莉被診斷出患有飲食失調症。由於她發育得比其他同學快，所以覺得跳舞時的自己「很高大」，因此為了減重，她除了打排球、踢足球外，還會跑步，並嚴格計算卡路里和吃輕食來減重。「我害怕身體變得更高大……我不想讓舞蹈老師或教練失望，」萊絲莉說：「我想保持最佳狀態，但最終把自己變成了皮包骨。」

儘管肌肉生長有助於提升運動表現，並減少受傷風險，但萊絲莉上大學後依然害怕增肌。只要體重計的數字上升，她就會少吃東西。四年來，她的月經只來過十次，這是運動相對能量不足的症狀。換句話說，運動員所攝取的熱量無法滿足身體的需求，就會有這樣的健康風險。她的多次體檢報告也顯示，閉經並非是其他健康問題所造成的。「我的身體在校隊的訓練中達到極限，」萊絲莉說：「我和自己的身體有種愛恨交織的關係。有時我會非常高興自己擁有這樣的身體，但有時卻希望能擺脫它。我仍然會有幾天不吃東西，然後在接下來幾天暴飲暴食。」

萊絲莉的狀況並不罕見，無數的運動女性都有這些經歷。對她們來說，青春期是最具挑戰性的人生階段，也是最少被討論的議題。師長和家長若沒有幫助女孩面對身體的成長和變化，她們就很容易陷入困惑、羞愧和沮喪中，甚至有長期的健康風險，包括外貌焦慮、飲食失調、運動相對能量不足等。這些本都是可預防的。每個人青春期發生的時間都不同，但總會按固定順序、不可逆地發展下去。

在這些內分泌的迅速變化下，女孩想有所表現，並學著面對新的社交環境和學業上的要求。再加上運動文化中的萬年迷思，即女性在青春期和月經來時運動表現會下滑、不可能拿到出色的成績。總體來說，還有一堆大人在灌輸這些錯誤觀念，所以女孩們並不知道，這些身體的變化是健康和力量的象徵。該如何帶領女性運動員度過青春期和青年期，一直缺乏足夠的研究，所以許多女孩在十四歲前決定放棄運動。男孩們這時忙著增加肌肉，變得更強壯、更敏捷，而女孩們在月經來潮後，最多會增加十公斤的體重。根據美國兒科學會的資料，大約有百分之二十五的身高增長發生在青春期。[1]她們的運動表現會暫時遇到瓶頸，有氧能力和肌力可能會短暫下降，也不習慣臀部和胸部突出的身體。但這一切都會過去。只要找回平衡感和身體控制力，她們將再次發揮運動方面的長才並茁壯成長。

青春期的話題不再是禁忌

教練和家長讓女孩做好準備去應對青春期的變化，她們的成長就會更順遂。青春期通常在八到十三歲之間開始。大人們應該好好解釋，接下來她們會經歷的變化都是正常的，並鼓勵她們與可信任的同儕或成人聊心事，以減低青春期和月經等話題的禁忌感。女孩放心了解這一切，才能保持身心健康和活力。

世界上第一條自殺防治熱線的設立於一九三五年，因為當時英國有位十四歲的女孩在初經來臨後自殺。[2]沒有人教導她跟青春期和月經相關的知識，因此她認為自己身體出了問題，在無人可傾訴的情況下，她絕望地選擇結束生命。為她主持葬禮的牧師查德・瓦拉（Chad Varah）因此立下誓言，要讓更多人接觸到性教育，這就是國際性的自殺防治機構「撒瑪利亞人」（Samaritans）的起源。瓦拉相信，許多有自殺念頭的人只是需要找人說話，以得到耐心的關懷和建議。

今天，在應對青春期到來的種種狀況時，這個概念仍然適用。莎拉・霍爾（Sara Hall）是美國有史以來跑得最快的馬拉松運動員，在二〇二二年世界錦標賽上以三十九歲的高齡奪得第五名。她是在北加州長大的女孩，踢過多年足球後，才決定專注於跑步。高三那年，她去歐洲過暑假，並放下大部分的訓練課表，直到秋天才回來參加田徑越野賽。這段期間，她的身體發生變化，開始有了「曲線」，這是她第一次有這種感覺。更重要的是，她的表現不再進步，有時甚至跑得更慢。但教練向她說明，停滯只是暫時的，只要逐步一點一滴地增加訓練量就好，還鼓勵她多休息，並養成健康又營養的飲食習慣。莎拉說：「賽季節結束時，我贏得了Foot Locker田徑越野錦標賽，雖然體重沒有下降，但我努力變得更強壯，並開始接受這樣的自己。」

與莎拉的勵志故事相反，有位來自西北部的十三歲女孩，曾在自行車運動上展現潛力，後來卻暴飲暴食成癮，還會把食物藏在自己臥室裡。她的父母過度重視飲食健康，所以家裡不准有糖果、薯片等垃圾食品。這位媽媽也曾經是優秀的自行車選手，她把這一切歸功於嚴格的飲食內容。她相信，只要女兒能控制飲食和體重，就能展現真正的潛力。因此她控制女兒的三餐，以為只要減緩青春期的影響，就能變成優秀的運動員。然而，女兒反而出現飲食失調、自尊心低落和焦慮等問題，連日常生活都無力應付。這種控制型的教養方式之所以無效，是因為她沒有足夠的空間來發展自己的直覺和決策能力。

不管他們自己是否意識到，父母、照顧者和教練都會將自己的經歷應用到下一代身上，就像這位母親為了提高女兒的運動表現而控制她青春期的飲食。可以肯定的是，每個人在青春期所經歷的創傷都會伴隨一生，並在將來影響孩子的自我感覺。在進行焦點小組談話時，有些母親回憶起初潮來臨所感到的恐懼、尷尬和羞愧。她們也坦白說，自己就是在那段時間開始批評自己的身體，至今未曾停止。儘管她們不希望女兒也陷入相同的容貌焦慮，但合理推測，孩子也一定注意到母親一言一行所傳遞出的訊息。不管是節食、抱怨大腿太粗或腰間肉太多、或打算做整形手術、買塑身衣等，都在強化了這樣的信念：越瘦越好。

然而，大人們可以打破這些循環。艾倫是教育工作者和兩個孩子的母親，她與伴侶一起創造資訊透明、鼓勵好奇心和對話交流的家庭環境。由於大女兒十二歲了，所以兩位母親經常討論月經，好讓女兒自然地迎接青春期。她們買了經期用內褲、一本關於青春期的書，艾倫也開誠布公地談論自己的月經週期，讓女兒知道會發生什麼情況。她不希望女兒像她一樣，在第一次來月經時哭泣。她們還在女兒的背包裡放了特別準備的小包包，裡面有經期來時所需要的用品，如內褲、衛生巾和衛生棉條。她們解釋了每樣物品的用途以及使用方法。艾倫說：「我不想讓女兒走過和我一樣的路。儘管我父母的初衷是好的，但他們沒有和我談論青春期。所以當我的身體開始變化時，我感到有些羞恥。」

在她們家裡，成員絕不可以有批評或羞辱自己或他人外貌的言行。她們也不會為食物貼上好或壞的標籤，因為每種食物都有其用途，而且大多能提供能量。「我們這一代的女性是在別人的品頭論足中長大的，所以很難擺脫對外貌和體重的既定標準。但我們的言行下一代都看在眼裡，」艾倫說：「所以我們一定得做些什麼來超越這些固有的觀念。」

艾倫的女兒還沒有決定好要專攻哪項運動。她喜歡跳舞、游泳、踢足球和打籃球。對她們一家來說，運動是有益身心健康的活動，能夠培養歸屬感和社交連結。在最近的家長聯誼餐會中，艾倫無意中聽到別家女兒們的對話，話題有月經、身體上的變化等等，還有個女孩說媽媽會幫她刮腋毛。艾倫跟她的伴侶感到很欣慰，這些女孩能如此自在地討論青春期的生活，並分享一些實用的建議。畢竟，女孩常常得在教室、運動館以及更衣室裡互動，若能彼此分享支持又令人安心的話語，接下來的成長階段就會更有自信。

保持平常心

女孩在這個階段需要各種支持，因為不光是身體快速變化，大腦也在轉變。她們常常不相信定期訓練能化為出色的運動表現，還認定失敗或成就全都取決於天賦和資質。她們可能不明白，若沒有好好照顧正在發育的身體，對生活的控制力也會減弱。女孩們常常會感到沮喪，因為常找不到平衡感，所以很容易受傷。

女孩在這時也很容易感到焦慮、憂鬱、注意力缺失甚至有自我傷害的舉動。對青少年來說，生活充滿了新壓力，而荷爾蒙的變化也會產生影響。根據美國女性健康辦公室（US

Office on Women's Health）的資料，在月經期間，雌激素和黃體素的濃度變化，可能會引發憂鬱和焦慮的症狀。對於照顧者和教練來說，要區分正常情緒波動與心理健康問題並不容易。

女性運動員常以為能力是以線性發展的，所以在青春期的表現遇到瓶頸時，自信、價值感和自我認同就會受到打擊。而教練或師長很少在這方面支持和引導她們度過難關。事實上，在體操和花式滑冰界，運動員被鼓勵要抑制自己的身體發育，好保持競爭力，只因為大家都認為體型越小越有優勢。

凱特在上大學前就參加過國際游泳比賽，她記得，大家都會羨慕發育較晚的選手，尤其是十六歲才開始進入青春期的女生。教練們會鼓勵女孩們設法延遲月經來臨，包括限制飲食、過度運動。她說：「如果當時我沒有那麼刻苦努力訓練，我的青春期可能會更早來。」她承認，一開始在月經來了四次之後，接下來兩年都沒有月經。「醫生問我上次月經是什麼時候，我說是兩年前，然後他們便不以為意地說，運動員都這樣。」

凱特說，在青少年時期，男教練忽視了生理上的差異，所以要求女孩的表現和男孩一樣。她說：「女生的表現沒有男生穩定，但教練們卻沒有一點同理心。」她現在知道，不管是否有荷爾蒙的影響，運動員的表現本來就會起起伏伏的。「現在我游泳的速度反而比還在發育的時候更快，」她說：「這是無法控制的科學。」

薩黛是NCAA三級的三項全能選手，她高中時的教練也是男的。當時的教練團隊並不明白，女孩們月經停止時，可能是有運動相對能量不足的問題，這會導致一系列的健康問題，並且影響運動表現。進入大學後，薩黛的兩位女教練非常講究充分的營養攝取。她說：「高中時，教練們都說，長跑運動員月經沒來很正常。但我大學的教練會叫我去找訓練師和醫生，確保我們攝取足夠的食物。許多選手都跟我一樣，第一次聽到有這樣的建議。」

美國田徑明星蘿倫・弗萊什曼（Lauren Fleshman）曾出版回憶錄《好好跑，女孩》（*Good for a Girl: A Woman Running in a Man's World*），也在二〇一七年於青少年田徑運動網站「分秒里程」（MileSplit）發表了一篇專欄文章，標題為〈年輕的我，請聽我說〉（Dear Younger Me）[3]。她想提醒跟她一樣的運動女孩，在青春期期間會遇到哪些挑戰。蘿倫寫道：「在這段時間，妳需要有經驗的教練和父母支持妳，讓妳知道這些波動是正常的。在成長過程中，他們會為妳加油，並從長遠的角度來看待問題。否則很多女孩會選擇放棄。」她接著說：「這些女孩們對於身體變化的反應有三種：放棄運動、順其自然或加以對抗。我可以掛保證地說，最好的選項是順其自然，因為好事都還在後頭。」

如何與選手討論青春期

每個女孩初次月經的體驗都不同，但跟她們分享可能會遇到的情況，她們就得以保持活力、並找到應對的方法。方法有三：

- 整合資源。教練若覺得自己不夠資格與女孩討論青春期和月經，就該尋求幫助。他們可以定期請訓練師或護理師跟選手晤談，或聘請醫療專業人員來舉辦工作坊。邀請成人運動員來分享個人經驗也很好。首先，他可以請選手們談談心中的想法，眾人逐漸放鬆後，對話也會更深入。在問答和經驗分享的過程中，這個主題會變得更正常、更沒有禁忌感。
- 留意選手的需求。許多女孩告訴我們，有些教練會貼心地為運動員準備好所需物品。有位男教練準備了一個包包，裡面放著生理期所需的女性衛生用品、像是止痛藥、備用短褲等，有需要的話隨時都能自取。

■提醒她們月經代表力量。這是成長的一環，年輕運動員在這段期間能獲得能量。月經來了代表身體健康，這也是每位運動員的期盼。

微小的改變就很有用

不過，許多運動團隊的文化都很傳統，所以女選手無法自在地度過這段時期。我們在第二章提到，梅瑞迪斯的小女兒喜歡踢足球，但她球隊的衣服卻是白色的緊身短褲，而且材質薄透，甚至能看到球員的內衣。女性運動員都知道，白裙跟白褲有多讓人頭痛（像是網球場上的服裝）。她們已經有經期不規則的問題，又要穿這樣的服裝上場，所以比賽前會非常焦慮，甚至直接棄賽。她們擔心血跡會滲透球褲，所以上場時會失去信心並分散注意力。

梅瑞迪斯每個賽季都會到現場觀賞足球比賽，她發現有些女孩會缺席，或是在高溫下還穿著長運動褲，就是因為不讓人看到血液沿著腿流下來。一方面是球衣的問題，而且許多球場只有流動式廁所，女性運動員沒地方丟棄衛生用品，要拿到公共垃圾桶又令人感到尷尬。她的女兒也曾在月經期間錯過舞蹈課，因為女兒不太會使用衛生棉條和月經杯（這是穿緊身衣時唯一的選擇）。游泳和水球選手也能理解這種困境。「令人沮喪的是，女孩們在運動時仍受自然發育的限制，而我們還是沒有妥善的對策。」梅瑞迪斯這麼說。

月經是自然的生理現象，當然不該被汙名化，但在大型比賽中，血漬透過短褲顯現出來，確實會令所有人都尷尬。

一些職業女子運動團隊已經意識到，細微的改變就可以幫助球員應對月經期間的身體和情緒波動。例如，奧蘭多榮耀（Orlando Pride）是第一支換掉白色球褲的美國女子足球隊，其球員穿上月經外漏較不明顯的黑色隊服。二〇二二年十月，曼徹斯特女子足球俱樂部首創先例，隔年奧蘭多榮耀也跟進。網球選手也曾呼籲溫布頓主辦單位修改規定，因為過去百年以來，不分男女，所有選手穿著白色服裝。現在，女性選手可以在白色短褲或裙子裡穿深色短褲。

海莉・卡特（Haley Carter）是某支足球隊的經理，在接受《女性健康》雜誌訪問時，她認為，減少球員在月經期間不必要的壓力，比賽結果也會更樂觀。[4] 她說：「我們可以更開誠布公地討論月經，了解它如何影響運動員的表現，並在球隊裡創造對話的空間。」

榮耀隊這樣的舉措也是為了開啟對話，以教育年輕女孩了解月經沒有來的長期風險，包括心血管疾病、骨質疏鬆症和早發性更年期。經痛、脹氣、情緒波動、出血和疲勞是正常的，除非醫生有特別指示，否則選手還是應該繼續參加訓練，透過身體活動來緩解月經期間的不適症狀。女孩通常在經期最不想從事慢跑或舉重，但藉此釋放腦內啡的話，就能緩解疼痛和減少壓力。也就是說，訓練反而是女孩在生理期的最佳夥伴。

我們在月經期間的比賽表現會比較差，但訓練有助於化解一些症狀，包括經前症候群。許多人在生理期會感到焦慮、沮喪、疲倦或情緒低落，這些症狀可能是由荷爾蒙變化或大腦化學物質引起的，但無論如何，它們都是真實存在，並會影響到運動表現。

在教練的細心照顧下，女孩才能在青春期中保持活力。艾莉熱衷於競技體操，後來進一步投入特技體操。她在十七歲時開始來月經，而教練們會定期講解青春期和身體變化的相關知識，還會發放生理期專用的隨身包，內含除臭劑和生理用品。艾莉從不羞於談論自己的生理週期，而且她的生活都在教練的陪伴下度過。對於體操運動員來說，身體的變化尤其令人難受，因為它會打亂一切。選手需要並重設跑道、平衡木、單槓和雙槓的長度和高度。「我感到很害怕，因為跳馬彈出去時預期會達到的距離變了，以前做過無數次的動作，現在卻感覺很陌生，」艾莉說：「但是教練非常支持我們，所以青春期從來不是禁忌話題。」

女孩們面臨的問題還有，因為胸部正在發育，所以跑步時會感到疼痛，但又無法與男性教練討論這個問題。莎拉・萊斯科（Sarah Lesko）以前是耶魯大學的田徑隊選手，目前是家醫科醫生、也在中學擔任田徑教練。她還在非營利組織「女孩的運動內衣」(Bras for Girls)

擔任執行董事。透過運動機構、學校和社區，她們無償為八到十八歲的女孩提供運動內衣和介紹乳房發育的衛教手冊。在這本手冊中，專業人員詳細介紹了乳房的發育過程，並說明每個人的情況都有不同之處。在某次會議中，一名男子隊的教練表示，他認同也支持這樣的使命，但他擔心胸部的圖片會讓人感到不舒服。不過，消除這方面的羞恥感正是組織的核心目標，這樣才能移除女孩們參與運動的障礙。

二〇一六年，樸茨茅斯大學（Portsmouth University）訪談了兩千名十一至十七歲的女孩，當中有百分之四十六的人表示，胸部確實影響到自己的運動和訓練過程；而百分之八十七的人想知道更多相關知識。[5]她們不想參加運動的主因就是：「胸部大幅晃動令我感到很尷尬。」但幸好有像「女孩的運動內衣」這樣的組織，眾人才得以開啟對話，以找出明確而簡單的解決方法。

月經的力量

提高女性教練的比例確實有助於減少選手談論胸部發育、月經和外貌的尷尬程度，但男性教練也應該學會如何處理這些問題。他們往往覺得自己沒有能力開導女孩，也不知該如何把女性健康議題放入訓練計畫中。但無論其性別為何，教練都能以身作則，為選手提供舒適的運動服裝、規劃妥善的洗手間並提供生理期的用品。

高二的田徑運動員卡蜜爾表示，她們的男教練從未在隊上談論過月經問題。隊上有兩個女孩已經兩年沒有來月經了，其中一個女孩每天練跑四次，另一個則被診斷為飲食失調。女性教練上任後，便要求每個人記錄月經週期，並和公開談論閉經對健康的影響。卡蜜爾說：「有些新生一入隊就迷失了方向，甚至不知道失去月經是不好的事情。」

要知道，女性運動員在體型和生理上與男性不同，所以訓練計畫也要有所調整。二〇一九年，美國女子足球隊決定進行改革，她們透過一款名為「女性運動幫手」（FitrWoman）的應用程式來追蹤月經週期。這可分為四個階段：月經（出血）、卵泡期（出血後六到十天）、排卵期（黃體素和雌激素增加時）和黃體期（月經前，激素水平下降）。

這樣一來，運動員就能了解在每個月經階段的身體需求與感受，而教練則提醒她們安心休息、適時補充水分和營養。例如，在第二階段，女性會感覺精力充沛，比較能適應高強度的訓練。到了第三階段，人很容易感到疲勞，睡眠會受到影響，食欲也會增加。

二〇一九年，美國女子國家足球隊贏得了世界盃，而月經的力量也多少獲得了證實。當然，這個調整措施不是拿冠軍的關鍵，但更多人會因此願意去探討月經在運動表現中扮演的角色。教練們也更加了解到，根據個別需求調整訓練方針是很重要的。教練們公開討論月經問題，將女性的需求納入訓練計畫，選手才能不再擔憂，而且更有力量，也更加信任自己的身體。

第六章

焦慮與憂鬱也是一種運動傷害

女性被診斷出心理健康問題的人口比例高於男性，女性運動員更可能出現諸多徵兆和症狀。

凱特的大學游泳生涯始於在NCAA第一級東南聯盟的訓練計畫，但過了一年後，在大二重返訓練基地時，她內心非常掙扎。儘管她在高中時就參加過國際賽事，也拿下不錯的成績，但身心也出了問題。每當她的成績遇到瓶頸，教練就會怪她體重過重，她還患上過度訓練綜合症，飽受飲食失調和肩部手術所苦。她的身體不堪負荷，也沒有充分恢復時間。這些因素導致她的心理健康狀況惡化，進而得了憂鬱症。

她大二回到訓練基地時，換了一個新教練，而他老想著要把人踢走。他營造出令人恐懼的團隊氛圍，立下高得離譜的目標，就看哪個選手會先放棄，這樣他就不用自己動手趕人了。在龐大的壓力下，凱特向訓練師求助，希望能安排心理治療，但等了好幾個星期都沒有結果。

她只能繼續參加訓練、完成困難的練習，身心也越來越疲憊。等了一個月後，她決定從外部尋求援助，準備用自己的保險支付治療費用，卻被教練團阻止了。問題是，另一位表現較好的隊友一提出請求，當天就得到心理健康專業人士的協助。

當她發現教練們有責任去確保她的健康卻置之不理，她的運動生涯就開始往其他方向發展了。「等到去看精神科時，我已經嚴重憂鬱、有自殘傾向，甚至完全無法入睡了。」凱特說。

她並不排斥服藥，但副作用太嚴重，讓她不禁懷疑藥物的種類與劑量是否正確。她向醫生表示，服藥後她感到噁心、疲倦、肌肉酸痛，而且憂鬱症狀和自殺念頭也更多了。在這些疑慮下，醫護人員仍增加劑量，並聲稱，重要的比賽即將到來，吃了這些藥才能發揮實力。凱特沒有力氣跟他們辯駁。「他們怎麼說，我就怎麼做，」她說：「我沒有伸張自己的權利，只有表達想去看治療師。我從來不會質疑權威。」

儘管如此，凱特在比賽中的表現仍然很優異，但教練們對她沒信心，拒絕將她列入接下來的出賽名單，並改派成績較差的隊友參賽。她向訓練師求助，但對方只說：「明天訓練時見。」心情低落了一晚後，她嘗試自殺但沒有成功。她決定回到家鄉調養身體，並在當地的游泳俱樂部繼續練習。

凱特所經歷的悲劇每天都在全國各地、每個層級、每一項運動上演，然而許多運動員並沒有像她一樣勇於向外求助。女性運動員特別清楚，憂鬱和焦慮的汙名依然存在。許多人都擔心，承認自己有這些症狀後，就會被貼上軟弱或懶惰的標籤，甚至被趕出訓練團隊。然而，心情低落、易怒、缺乏精力、無法集中注意力以及食欲減退，這些狀況確實會影響到運動表現。

運動員扭傷腳踝時，訓練團隊一定會立即送他去醫院，並擬定具體的復健計畫，讓他能盡快回到場上。然而，這樣的照顧和關注卻無法延伸到心理健康問題上。原因包括對心理疾病的汙名化，教練和訓練員又缺乏相關的知識，也沒有資源可以求助。值得注意的是，二〇二一年NCAA調查發現，只有百分之五十的女性運動員認為教練有正視她們的心理健康問題，而只有百分之四十七的運動員認為校隊的管理階層會在乎這些議題。在運動領域，越來越多人在討論心理健康議題，但如果相關機構沒有拿出具體的資源和政策，也終究是紙上談兵而已。

教練不是心理治療師

根據美國國家衛生統計中心（National Center for Health Statistics）的資料，女性罹患憂鬱和焦慮症的機率幾乎是男性的兩倍。這些狀況在運動員當中也不少見。美國運動醫學學會在二〇二一年發現，大學女性運動員有百分之三十患有焦慮症，而在患有心理健康問題的大學運動員當中，只有百分之十尋求過專業協助。

我們知道，運動有助於緩解憂鬱和焦慮。研究顯示，即使是像走路這樣的輕度運動，也能釋放內啡肽等令人感覺和心情變好的大腦化學物質。[1] 然而，訓練和比賽會帶來壓力。高中和大學的運動員常常因為參加比賽而沒去上課或寫作業，還會錯過體育之外的社交活動；到外地比賽時的睡眠與作息調整也是一項挑戰。這樣的孤立感有如第一次離家時那樣難熬，而且上場後還得保持最佳狀態。不管是在家鄉還是全國各地，他們的一言一行都會受到大眾的關注與審視。

二〇一八年，在一篇文獻回顧中[2]，研究者發現，女性運動員罹患焦慮症和憂鬱症的風險因素有表現期望、過度訓練、運動傷害以及非自願的生涯終止。這是一種惡性循環。研究發現，有焦慮症狀的運動員其受傷的機率是其他人的一點九倍。焦慮和憂鬱也是運動傷病、過度訓練以及過勞的徵兆。

根據《精神疾病診斷與統計手冊》的定義[3]，焦慮是過度的恐懼、恐慌或不安感。[3] 患者可能會有心跳加速、焦躁不安、恐慌、出汗、極度緊張或擔憂等症狀。憂鬱症是一種情緒障礙，症狀有悲傷不止、對活動失去興趣、缺乏積極心態、活力衰退以及注意力無法集中。

患者常常以為自己永遠也不會好，無論做什麼都沒有幫助。但好消息是，焦慮和憂鬱症都是可治療的。

有些人認為，女性在青春期、月經前、產後以及圍停經期和更年期的荷爾蒙波動與身體變化，是誘發焦慮和憂鬱症的主因。但事實上，女性要承受的壓力比男性多更多，比如薪資不平等、照顧孩子和父母的責任、人身安全與被騷擾的風險等。可想而知，女性運動員要面對的挑戰就更多了。不少運動員陷入困境時（比如失戀或親人過世），會用運動來排解情緒，甚至還能參加訓練，表現看來十分正常。所以父母、教練甚至是他自己都難以察覺內心的焦慮或憂鬱，更不用說理解這些情緒背後的原因了。

才華橫溢的籃球選手阿傑（其性別認同為中性）在十七歲時與NCAA第一級的學校簽下意向書，因此獲得大一一整年的獎學金。兩年前，阿傑才被診斷有重度憂鬱症，每天都覺得沒力氣，而且覺得自己沒有價值，還有自我傷害及自殺念頭，常常不吃東西。如今阿傑知道，那些都是被性侵以及代際創傷的後遺症，再加上身為少數族群的社會壓力。經過兩年的治療後，阿傑在上大學前身心已經比較穩定，但接下來得面對移居外地、和陌生人住在宿舍、上新課程以及遠距離戀愛等難題。「可想而知，我在大一那年過得很痛苦，」阿傑說：「我難以應對日益增加的運動和學業壓力，還有一堆新的人際關係。」許多原有的症狀因此惡化。

「我經常感到不知所措，在練習和比賽期間會情緒崩潰，不知不覺地掉眼淚。在那段時間日子，我不斷想著要自殺，也做出自我傷害的行為。」

一位助理教練向阿傑伸出援手，並建議她服用藥物。阿傑也明白，抗憂鬱藥物在危急時刻確實有效。然而，教練不該做出這樣的建議與判斷，雖然是出於一片好意，但他沒有相關的醫學背景，而選手又很容易聽從教練的指示。教練只要表達關注與支持，然後將選手轉介給專業的醫療人士就好。阿傑說：「我也認為，這方面的建議最好來自於無法影響我上場時間與獎學金資格的醫療專業人員。」

阿傑在教練的建議下繼續接受治療，校隊也幫她找來一位臨床心理師，但後者的專長是提升運動表現，而阿傑需要治療的是創傷後壓力症候群。她說：「現實很殘酷，專責照顧運動員的專業工作者非常少。很多人的福祉會被忽視。教練團沒有足夠的能力去識別、回應運動員的心理困擾。這些問題在運動界很普遍，但大眾也不是很了解。」

阿傑說得對。在許多大學裡，每五百名運動員才搭配兩位全職的心理健康專業人員，但校方卻宣稱自己有提供心理健康的資源，但實際上人數根本不夠。

醫師得透過細緻的判斷才能診斷出憂鬱症和焦慮症，而且每位患者的症狀都有差異。有位高中運動員談到，心情低落時，她會躺在床上好幾天，不但沒辦法去上課，也錯過了練球的時間。另一位運動員有自我厭惡的問題，每次投籃沒進，她就告訴自己，她是個糟糕的球員、人生也很失敗。在絕望和孤獨中，她萌生死亡的念頭。兩位運動員都患有憂鬱症，但呈現的徵兆不同，需求也不同。因此，我們都必須求助於合格的專業人士，他們了解運動員的心理健康狀況與特點，也知曉所需的干預措施。

服藥治療

許多運動員擔心，在醫生的指示下服用「選擇性血清素再回收抑制劑」（selective serotonin reuptake inhibitors）來治療焦慮或憂鬱後，運動表現會大受影響。他們擔心副作用會破壞他們的努力，雖然明知道藥物有助於減輕心理症狀，並進一步提升動力和鬥志。

記住，服用處方藥物是必要的，不應該感覺羞愧或給自己貼上標籤。對運動員來說，抗憂鬱劑不是禁藥，與其他補充劑和處方藥一樣，在藥檢前主動申報就好。

儘管如此，運動員和教練仍對服藥有疑慮。艾美在大學時是田徑越野選手。她從大一開始便與憂鬱症對抗，但症狀越來越嚴重，每天都會恐慌發作。大二那年，她試圖自殺，只好請醫生幫她開立處方藥，但教練卻勸她等賽季結束後再服藥。「教練說，藥物搞不好會有負面影響，比如變胖，」艾美表示：「但我很慶幸沒有聽她的。」

的確，藥物會帶來一些副作用。例如，對某些人來說，抗憂鬱劑會令他們產生自殺念頭；這可能是換藥的短暫副作用，或當事人不適合這些藥物。無論如何，這些問題一定要拿出來與醫師討論。作為臨床治療師，我們會與精神科醫師合作。首先，我們會詢問客戶對藥物治療的認識與接受度，接著提供一份轉診名單。客戶可以和專科醫師請教副作用的問題，並一起找出最佳的治療方案。

艾美在服用低劑量的氟西汀後，幾週內便感受到明顯的改變。有些人在服用抗憂鬱劑後會覺得失去一些「個性」，但艾美卻感到輕盈自在，跑步時也更沒壓力，整個人感覺好很多。「那之前，我失去活力，也沒有活下去的意願。我沒有任何情緒和感覺，」艾美說：「那種狀態最危險，因為我考慮過要結束自己的生命。但服藥後，我的感覺與生命力都回來了，彷彿重生一般。」

每位運動員都是不同的個體，需要時間和耐心才能找到合適的藥物與劑量。針對藥物對運動表現的影響，目前的研究很分散、個案的差異也很大。所以患者應與醫生長期配合，以試著找出比較有效的藥物。

傷病時的自我調適

對於女性運動員來說，運動傷害也會引發憂鬱和焦慮。首先，她的日常作息會改變，也不能常常與隊友互動。她也會擔心身材走樣以及日後跟不上訓練的進度。傷勢嚴重的話，她還會擔心自己是否能夠重返運動場。

安是某所基督教大學的足球校隊成員，她認為這所學校在學術、運動和精神層面都非常適合她。她從小就很有天分，但沒想過上大學後還能繼續踢足球，所以加入校隊令她很開心。大一的她馬上就被排入先發名單，每天的生活都與足球緊密相連。到了大二，她在練習時常感到大腿後肌痠痛。「對大學運動員來說，每次練習都像是爭取先發或上場時間的測驗，」她說：「所以我告訴自己要忍痛練習，因為我不想被當成軟腳蝦。第一場主場比賽開打時，我的大腿後肌痛到不行，一上場就裂開了。」

在休養期間，安擔心自己再也無法回到巔峰狀態。她失去自信，也失去了先發位置。她眼睜睜看著隊伍在沒有她的情況下成長茁壯。她膽怯地回到球隊後，內心依然充滿焦慮。到了大三那年，安發現生活中只有踢足球會令她感到快樂。「我唯一的身分就是運動員。我在練習或比賽時表現不俗，但回到宿舍時，內心卻感到很空虛，」她說：「於是我開始逃離課堂和校園，也不去學生餐廳吃飯，只想待在房間裡。我的人際互動歸零，自信心和精力都被消耗殆盡。」

最後，安向母親吐露自己的憂鬱心情，並透過信仰和心理諮商來加以排解。她也學著將場上表現與自我認同區分開來。「我偶爾還是會感到焦慮或憂鬱，但現在我知道那樣也沒關係。」

運動員獲得的成就越多，就越放不下作為選手的身分認同。所以當這些名利突然消失時，他就會找不到人生的方向。杜克大學的袋棍球名將摩根・羅傑斯（Morgan Rodgers）在高三時被診斷出有焦慮症，但在尋求專業人士的協助後，她深信自己上大學後也能有所成就。

大二賽季開始前，她在練習時重摔，造成前十字韌帶和內側副韌帶三處撕裂。動完手術後，她積極投入復健，但一年後才能重返賽場。摩根的家人認為，在那段時間，儘管她表面上看來快樂又堅強，但應該很擔心未能達到自己的期望。摩根的自尊心下滑，覺得自己與隊友越來越疏離，也深受焦慮和憂鬱所苦。她獨自承受這一切，從未讓親人知道她有多麼難受，最終於二〇一九年自殺，當時年僅二十二歲。

她去世後，羅傑斯的親友創立了非營利組織「摩根的話」（Morgan's Message），旨在消除學生運動員對心理健康議題的疑慮，並讓體育界了解心理疾病與身體的傷病一樣嚴重。他們投入資源、培訓志工前往各地的大學和青年運動組織宣導心理議題，並舉辦校園活動和研討會。

化解倦怠、找回樂趣

運動的核心信條就是「堅持、努力、創造好成果」。不過，若運動員有焦慮或憂鬱情緒時，最好請他們放慢腳步、多多表達感受以及需求，那麼旁人就有機會找出其背後的原因，不管是長期問題或突發事件。我們與許多女性運動員交談後發現，某些情境性的焦慮或憂鬱是起自於傳統的運動文化，包括訓練方式僵化、只重視成績等。在這些情況下，心理問題是來自外在環境的壓力，包括教練或父母的過度期待，而非內在對成功的渴望。

當然，大部分的運動員都能承受壓力，並試著滿足眾人的期望。但有些運動員付出了極大的努力，卻得不到任何支持或成就感，而且眾人對他們的要求只會不斷增加。因此，有些選手得試著改變心態。例如，游泳選手奧利維亞上大學時就開始焦慮，深怕她無法在兩百公尺蝶式項目中繼續稱霸。她是這領域最優秀的選手，如果繼續訓練和參賽，一定會成為主將，但她的表現越好，焦慮就越嚴重。「每次我參加這個項目時，就開始恐慌發作，」她說：「我對自己期望太高了，還不停地想自己有多緊張、有多痛苦。」

於是奧利維亞向教練們敞開心扉，談論自己的症狀，他們也發揮同理心，並讓她自行決定是否要轉換比賽項目。教練們所做的事情很簡單，就是傾聽並信任奧利維亞。他們一起努力幫她緩解焦慮，但情況沒有改善，最終還是決定轉換跑道。「我們想讓我有個新開始，並從游泳中找到更多樂趣。於是我們一起調整出賽的場次，」奧利維亞說道：「教練們太棒了。他們注重的是過程，所以我就不會給自己太大的壓力。」

心理介入有效的話，處於憂鬱或焦慮的運動員就能找回對運動的熱情，而且是以一般人的心情去享受其中的樂趣。對於像奧利維亞這樣的運動員來說，轉換跑道可以恢復活力。對於有些人來說，找回連結感是最有效的，比方回鄉探望朋友和家人。

在高壓或悲傷的情緒中，這些年輕人需要從熟悉的人事物中找回完整的自我感覺，所以教練應該放鬆管制、暫停訓練，才有助於選手調養身心。有些高中女球員說，父母和教練不讓她們去滑雪或攀岩，怕她們會不小心受傷。當然，每個訓練團隊都有自己的規定與政策，但也應讓運動員保持多元發展並享受其他活動的樂趣。這些高中女生還說，她們的教練嚴格規定，運動員在賽季期間使用社交媒體的話就會被禁賽。儘管社交媒體對青少年確實有些負面影響，但這也是他們與朋友來往和安排社交活動的主要方式。因此，教練應該讓運動員參與團隊的決策，並讓他們自己管理時間、找出平衡生活的方法，他們才不會精疲力竭。

談到倦怠，父母和教練要特別留意女性運動員的倦怠徵兆，因為它們與憂鬱症的症狀很相似，就連當事人自己也區分不出來。運動生理學家斯坦科維奇（Chris Stankovich）與尼爾（Timothy Neal）提出六個危險的徵兆：

- 運動表現下降。
- 生理變化，如靜息心率上升。
- 認知能力變差，如健忘或學業低落。
- 情緒不穩，如煩躁易怒或漠不關心。
- 行為異常，如做出冒險的行為或濫用藥物。
- 免疫系統受損，頻繁感冒或發生其他疾病。[4]

倦怠是生活中的正常現象，對一般人來說，只要多休息或改變作息就可以恢復體力，但對運動員而言沒那麼容易。

二〇一六年，西蒙娜．曼努埃爾（Simone Manuel）成為首位在奧運獲得一百公尺自由式金牌的美國黑人女性。然而，在二〇二一年奧運選拔賽前的幾個月，她也經歷了上述所有症狀。她成功取得五十公尺自由式的資格，但在她的強項中落馬了。事後她透露，那一年她被診斷出患有過度訓練綜合症。她原本在史丹佛大學接受訓練，但疫情爆發後體育館關閉，她只能在自家後院的游泳池自主訓練。那個夏天，警察對黑人的暴力虐待層出不窮，她感到非常痛心。在喬治・佛洛伊德因警方執法過當而死去後，她不得不站出來反對種族歧視，呼籲大家要重視社會正義。

西蒙娜在奧運選拔賽中的表現未如預期，而她也向媒體坦承自己的憂鬱症、過度訓練等問題。[5]就像一般人一樣，運動員也會受到周遭世界的影響，無論是社會問題還是個人處境。「身為美國黑人，我也無法不受到這事件的影響，」西蒙娜說道：「我無法忽視那樣的不公不義，也因此感到心累。」

在疲憊等症狀的侵襲下，西蒙娜開始自我隔離。她說：「媽媽在電話裡問我問題時，我會莫名其妙地對她發火。有時我還會吃不下東西。而我之所以能撐過那段時光，都靠著和所愛的人以及心理師談心。」

事實上，西蒙娜若要恢復實力，唯一方法只有好好休息，但她又得為東京奧運做準備。最終她帶著四百公尺自由式接力的銅牌回國，並在醫生的指示下停止做各種運動。接下來的幾個月，她花時間與家人相處，接受治療，並盡情地發洩情緒；在奧運前她承受太多痛苦了。接著，她開始跟鮑伯・波曼（Bob Bowman）合作，後者是「魚雷」菲爾普斯多年來的教練。

她還加入一個與她氣味相投的訓練團隊，他們會慢慢調整進度，以維持選手的身體和心理健康。二〇二三年初，她重返泳池，並告訴運動網站「游啊游」（SwimSwam）的記者：「我回來了！我現在重視進步更甚於完美。我又開始享受到游泳的樂趣了。」[6]

治標也要治本

從西蒙娜和摩根的故事我們可清楚看到，運動員在面對傷病或其他事件而無法專注於訓練時，內心會有多焦慮和憂鬱。不幸的是，心理健康並沒有被正式納入照護運動員的重要項目，而教練也沒有學著去判別運動員的心理健康問題。諷刺的是，選手參賽時所接受的全面體檢就獨漏這一項。

安潔麗娜．拉莫斯（Angelina Ramos）是鮑爾州立大學（Ball State University）的田徑隊助理教練，先前也曾在內華達大學拉斯維加斯分校執教。她懂得創造對話的空間。當她感覺到運動員有心事時，她利用訓練以外的時間陪他們走路去上課、順便聊聊。若選手表示自己活得很痛苦，她會馬上去幫他們尋找心理健康專家，並努力與他們保持聯繫。但維持這些關係需要花很多時間。她是隊上唯一的女教練，所以壓力更大，常常得在下班或休假時接學生的電話。教練的負擔往往是無形且無法衡量的。

大多數的教練都像安潔麗娜一樣，對自家選手有著強烈的責任感，但他們不具備處理焦慮或憂鬱情緒的專業知識。運動員身體受傷時，大部分的體育機構都有明確的處理流程，但涉及到心理健康問題時，卻沒有告訴教練該如何處理。然而，教練跟這些年輕人互動最多、也最常觀察他們的行為，所以在實質上也是第一線的心理健康急救員。

若跑步選手扭傷了腳踝，訓練師、物理治療師和教練就會通力合作來處理傷勢和安排復健計畫。教練會定期觀察運動員的傷勢，醫療團隊也會排出能恢復訓練的時間表。安潔麗娜希望，心理健康問題在未來也會有一樣的處理流程：心理治療師每週回報病情，並聽取學校老師、營養師和其他成員的意見。及早發現異常行為，就能更快找出心理健康上的需求。安潔麗娜說：

> 運動員不善於自我覺察的話，輔導員或治療師介入的成效就會打折。如果他們無法自己去探索，身為教練的我又不知該如何溝通。那整套支持系統就很難發揮作用。教練不需要知道治療的所有細節，但需要專業人士的提醒，比如該注意些什麼，或是要留意哪些跡象。或是一些具體的建議，像是「今天要多些耐心」或「對他們別那麼嚴厲」等。

季前協議有助於教練跟運動員開啟溝通管道。根據法律，醫療人員不能透露病患的資訊，但運動員可能會想訓練團隊交流，討論身心健康方面的資訊。這樣一來，教練也可以不用承擔心理治療師的角色。季前的心理健康評估或問卷調查可當作運動員一整年狀況的參考基準，正如身體健檢一樣。

目前體育界面對選手的焦慮和憂鬱問題都是以個案、單一狀況去處理，而不是採取系統性的預防。所以我們需要改換方向，不光是治療個案的症狀，而是改革整個體系。我們可以先從田徑領域建構預防的框架。焦慮和憂鬱心情是正常的，但時間太久、太強烈就會出問題。最重要的是，運動員和教練都應該有足夠的知識和資源，才能識別、監測並採取適當的處置措施。

第七章

情緒虐待、性虐待與創傷

言語、情感、身體和性方面的虐待會造成一輩子的創傷，許多運動員都深受其害。

二〇一八年，一百多名體操選手一一站上法庭，面對向她們施虐的人拉里．納薩爾，與其對質。這一幕令不少人印象深刻。到此時，大眾才得知這一悲劇，並見證選手們的憤怒。事實上，這是運動史上最令人難堪的時刻。在各個體系與層級中，有關單位都未能妥善保護運動員，沒有維護好她們的權利。

在密西根州蘭辛市那四天的庭審過程中，法官請一百五十六名女性描述自己被性侵的過程。二十多年來，在納薩爾醫生的「治療」下，她們受焦慮、憂鬱、自殺念頭所苦，有些人從六歲就開始遭受侵害，有些人還因此家庭破裂。在她們一一作證後，納薩爾被判處一百七十五年徒刑。

然而，對於這些體操運動員來說，尋求正義的奮鬥尚未結束。她們不斷地大聲疾呼，訴請有關單位要進行改革。七屆奧運獎牌得主西蒙．拜爾斯於二〇二一年前往國會，請官員要為運動員的福祉負起責任。她在參議院司法委員會（Senate Judiciary Committee）上談到：「我們一百多個人一直活在恐懼中。雖然納薩爾已經接受法律的制裁，但我不想再看到體操運動員、奧運選手或任何人受到那樣的折磨。我譴責納薩爾這個人，也譴責這整個體系，是許多人縱容並助長了他的施虐行為。」[1]

法庭上的證據顯示，美國體操協會（主管機構）、美國奧運和帕運委員會、密西根州立大學（納薩爾曾任職於此）甚至聯邦調查局都沒有積極回應運動員和家長的申訴，也拒絕向上呈報與展開調查。數十年來，這些單位依舊保有霸凌與封口的文化。近二十五年來，與納薩爾合作過的學校和體操俱樂部都未曾採取行動，直到二〇一六年《印第安納波利斯星報》（*Indianapolis Star*）發表調查報告才東窗事發。[2]有幾位運動員勇敢站出來講述自己的故事，揭露奧運舞台醜陋的一面，那名加害者才能入監服刑。無數女性的運動員因此受到啟發，也願意講述自己所經歷的創傷。

在接連爆料下，大眾才驚訝地發現體育界內部的惡行有多普遍，才知道有多少女性運動員受到虐待。但原因為何？大部分的運動聯盟都是由男性創建、為男性設計的，而競技場的土壤下都是恐懼，源自於體罰（遲到要罰跑操場）、言語羞辱和大聲斥責。他們認為，運動員這樣才會變得強悍又受人稱讚。因此，被霸凌、戲弄或性騷擾的運動員常常不敢去申訴，一來擔心沒人會相信自己，又怕會因此被排擠，甚至影響到上場時間或運動生涯。

就算想說，他們也不知道該向誰傾訴。他們也會擔心自己是不是太懦弱、抗壓性太低。綜合這些因素，情感和言語虐待才會變成運動界的常態，許多運動員直到退役後接觸了各方觀點，才意識到這些是虐待行為。女性運動員從小到大處於受控制的環境中，要向年長的男性負責，比如教練、總監、領隊。她們在這些關係中沒有權力，所以當施虐者是教練時，就會更不敢反抗。直到近幾年，人們才更加關注運動員所受的虐待。以前沒有性別平等方面的教育課程和訓練，運動員、家長、教練和行政人員才無法應對這些問題，可說是體制上的缺失所造成的。

為了解決這些問題，美國政府於二〇一七年成立美國安全運動中心（US Center for SafeSport），以負責統整奧運和帕運團隊裡面的性侵或性騷擾行為。根據《保護年輕受害者免受性虐待及安全運動授權法案》（Protecting Young Victims from Sexual Abuse and Safe Sport Authorization Act），該中心的任務是制定政策，防止青少年或精英運動員在參加奧運的過程中遭受情感、身體或性方面的虐待。

根據該中心的說法，這些政策適用的對象包含一千一百萬名運動員、教練及行政人員，涉及五十個運動項目，但管不到NCAA等大學層級的運動協會。該中心的經費來自奧運與帕運委員會、司法部、諸多基金會及民眾捐助。行政人員、教練及志工必須參加「安全運動」(SafeSport)的認證訓練，該中心也有一個公開的線上資料庫，明列那些被禁賽或正接受調查的人員。

越來越多人了解這個中心的存在和目的後，申訴案件也不斷增加。二〇二一年，該中心共收到三千七百零八宗不當行為的報告，比二〇二〇年增加了百分之六十。[3]有人批評該單位的調查和處理速度過慢。確實，那邊的人力跟資金都不足，但也已加快腳步，二〇二一年處理的案件比前一年增加了百分之十八。也有人取笑該中心是紙老虎，其工作流程缺乏透明度，也未能贏得體育社群的信任。奧運體操金牌艾麗・芮斯曼(Aly Raisman)在二〇二二年前往參議院，並在司法委員會的聽證會上表示：「假如我是『安全運動』的工作人員，但我在調查的機構剛好是我們的金主，那我就很難做出正確的判斷。」[4]

身體受到侵犯時，去報案、接受採檢是第一要務，但除了執法機構外，運動員還需要更多可以求助的單位。安全運動中心於二〇二一年訪問了四千名成年運動員，結果顯示，在遇到性騷擾或不必要身體接觸的運動員中，有百分之九十三的人保持沉默。[5]百分之八十的受訪者表示，他們人生中至少遇過一次會造成心理陰影的行為，包括被跟蹤、被施以言語或肢體暴力，或是被忽視和排擠。而女性、身心障礙、多元性別的運動員更容易受到這些傷害。百分之九的受訪者表示，在參與訓練或比賽過程中遇過的不當肢體接觸，主要來自教練、訓練師、行政人員或隊員。黑人和雙性戀運動員被騷擾的比例更是是其他族群的兩倍。

以運動員為中心的教練思維

在納薩爾的性侵醜聞爆發後，美國體操協會提供了應對原則，提醒家長和運動員在運動團隊中該留意哪些問題。[6] 這些原則包括如何辨別優秀的教練及辨識情緒虐待。理想的團隊文化應該如以下所列：

- 不使用人身攻擊、貶低或羞辱的詞語來「激勵」運動員。
- 只糾正選手的運動技能，不批評個性和外表。
- 即使訓練項目有難度，運動員也期待去練習。
- 教練不會用貶抑對方或提高音量的方式來督促運動員。

- 團隊的關係建立在相互尊重的基礎上，出現問題時，教練會尋求解決之道。
- 教練會向運動員坦承自己的錯誤。
- 以運動員的健康和福祉為第一優先。

教練應具備的特質有：

- 鼓勵運動員培養專項運動以外的興趣，尊重他的個人生活。
- 與運動員建立信任關係，並尊重家長，將其視為共同奮鬥的夥伴。
- 是否參與訓練或參賽、要重視哪些福祉，允許運動員自己做選擇。

創傷的嚴重度因人而異

研究人員已經證實，運動界鼓勵服從，有時甚至要求絕對的服從，所以運動員從小就學會壓抑情緒，就算面對教練的不當對待或虐待行為，也不會表現出自己的恐懼、焦慮或憤怒。

因此，家長很難發現年輕運動員的問題，但根據美國國家精神疾病協會（National Alliance of Mental Illness）的資料，至少有百分之五十的女性會在一生中經歷某種形式的創傷。[7]對於多元性別族群的人來說，這個比例更是達到四倍。[8]因此，運動員在生涯中若能跟前輩多多討論，了解虐待行為的類型，對自己的身心發展會更有益。這麼一來，他們才能在運動界找到可信任的成年人或行政人員，並在遇到不公正或不對勁的情況時向他們求助。

創傷本身是一個包羅萬象的詞彙，涵蓋各種形式的虐待及後續效應。心理治療師娜塔莉・古鐵（Natalie Gutiérrez）專門治療非裔族群、原住民及有色人種的創傷倖存者。她說明道：「創傷是有毒的慢性壓力在心靈和身體留下的印記。無法克服某些事情或受制於某個人，我們便會承受巨大的痛苦。我們在創傷中失去了對自己的愛與力量，在世上原有的安全感也跟著消失。」[9]著名精神病學家朱蒂絲・赫曼（Judith Herman）稱創傷稱為「無力感的產物」。「創傷事件壓垮了一切，日常的照護系統失效了，對生活的控制感、連結感和意義感也一併消失，」赫曼說：「當事人產生極端的無助和恐懼感，並引發災難性的反應。」[10]

重要的是，我們要認清創傷的範圍十分廣泛。有些人認為，遇到重大事件才會造成創傷。然而在臨床上，重大或極端的事件（例如性侵、槍擊暴力、父母過世等）可歸類為「大創傷」（big-T trauma），其他令人痛苦但又常見的事件（像是失業或與朋友絕交）則被歸類為「小創傷」(little-t trauma)。我們應該更深入理解創傷的多樣性，因為有些小事對某些人來說就是難以承受之苦。擴大創傷的定義，才能理解更多人的經歷以及後續反應。從我們自己的角度來判定他人的創傷程度是沒有用的。

創傷倖存者承受過龐大的壓力，所以反應機制會過度敏感。因此，某個看似微不足道的事件，就會讓當事人產生攻擊性的反應、無法承受或完全崩潰。有時，創傷也會表現為身心症狀，如頭痛或胃痛。專家將創傷反應歸類為四種F：

- 對抗(fight，突然暴怒或展現攻擊性)。
- 逃避(flight，情感封閉、孤立、不溝通)。
- 凍結(freeze，沒有反應或情緒)。
- 迎合(fawn，避免衝突、取悅他人)。

研究者和實務工作者所統整的資料是很有幫助的，因為每個人對創傷的反應都不盡相同。訓練團隊的成員一定要對選手保持好奇心，因為我們不知道他們經歷過什麼風浪，而他們也沒有義務要主動說出。只要記住，每個人都經歷過大小不同的創傷，所以先不要對運動員的言行有太多預設，才能慢慢幫助他們。

游泳選手艾蜜莉在東南聯盟的名校開始大學生涯，但那裡的訓練團隊卻瀰漫著有毒的訓練文化。回憶起那段可怕的日子，她說：「我盡力將每件事都做到完美，教練才不會對我破口大罵。」隊上有位前輩還曾羞辱地說，艾蜜莉「只是泳道上的廢物而已」。那段時間還發生了許多小創傷事件，雖然她感到痛苦不堪，但轉學又像是承認自己失敗了。

運動界常見的施虐類型

- **身體虐待**：會傷害身體的攻擊性或暴力行為，如拳打腳踢、咬人、掐脖子、丟東西、推擠、剝奪食物或體罰。另外，忽視運動員的傷勢，強迫他繼續訓練或參加比賽也是一種虐待。
- **情緒虐待**：專家尚未對此有統一的定義。基本上，就是故意且反覆破壞他人的心理健康，包括在言語上恐嚇、羞辱、貶抑、騷擾、操控以及孤立。有些教練為了懲罰選手，會故意拒絕回應或給予指導，或羞辱對方、推卸責任，或鼓勵對方繼續節食。

- **語言暴力：**根據美國心理學協會的定義，就是惡意批評、威脅、輕視或侮辱對方，無論是以口頭還是書面形式。運動員常常被教練或隊友口頭霸凌。
- **性虐待：**也就是性侵犯或性剝削，會發生在成年與未成年人的關係，或是其他信任關係中。根據統計，八成的性侵案加害者都是被害者認識的人。不少運動員遭到性虐待，被迫發生性行為，或私處被摸撫或放入異物，或被誘騙拍攝不雅照。

難以防備和察覺的性侵手法

受創傷影響的運動員，需要很多年才能更清楚理解自己所經歷的事情。以現年六十多歲的琳恩．詹寧斯（Lynn Jennings）為例，她是美國歷史上最有成就的女子長跑運動員，但從十五歲就開始遭到教練約翰．巴賓頓（John Babington）的性虐待。她到了五十多歲才著手調查當年的事發經過。在《波士頓環球報》二〇二三年的報導中[11]，琳恩透露，巴賓頓多次性侵她，有一次還在奧勒岡大學的宿舍下手。十七歲時，她跑出了全美最佳成績，明星生涯正要展開，所以便將此事深埋心底。「如果我多表示些什麼，我所熱愛的一切就會被奪走，」琳恩在採訪中說道：「我只好將自我切割成不同面向。」

很久以後琳恩才意識到，巴賓頓後來還繼續侵犯其他女性運動員。一九九六年，五十一歲的他在威爾斯利學院（Wellesley College）擔任教練時，還對年僅十九歲的學生下手。儘管當事人和她的父母向校方舉報，巴賓頓卻未被解雇，只有停職一年。他一直擔任該職位，直到二〇一三年退休。在二〇二三年《波士頓環球報》的消息發布後，威斯私立學院才發表了一份冗長的聲明[12]，除了重申校方的政策，並不痛不癢地表示：「本校致力於女性教育和發展，但發生了這樣的憾事，正凸顯了此問題的普遍性。」

巴賓頓犯罪的追訴期已經過了，所以才能一直執教。但透過調查和訪談，琳恩證實了自己及其他受害者的經歷，美國安全運動中心也因此禁止巴賓頓再踏入運動界。「我終於卸下重擔，這是我自十五歲以來從未有過的感覺。把那些往事講出來後，我才獲得了自由。」琳恩在接受採訪時這麼說。

當然，大部分的教練都是充滿善意和關懷，也在乎運動員的福祉，會設法打造一個安全的訓練環境。所以我們不應該妖魔化整體教練界。然而，權力失衡和體制問題沒解決，教練中還是會繼續出現老鼠屎。我們把希望寄託在那些組織和教練身上，若孩子能得到冠軍和獎學金，我們就會更信任他們。到了一些緊要關頭時，比如參加校隊選拔或爭取入學獎學金，受創的運動員就會求助無門，就算有申訴管道，也只會造成反效果。結果，在團隊裡沒有任何權力的女性運動員就只能任人宰割。

在《華盛頓郵報》和《體育報》（*The Athletic*）披露一些案例後[13]，美國女子足球聯賽的主管機關啟動調查，結果發人省思。[14]聯盟中有三名教練情節重大，分別是芝加哥紅星隊的羅里・戴姆斯（Rory Dames）、路易斯維爾競技的克里斯蒂・霍利（Christy Holly）以及北卡羅來納勇氣隊的保羅・萊利（Paul Riley）。

根據調查，霍利曾邀請某位球員到他家觀看比賽影片，結果卻播放色情影片並在她面前自慰。在多次看影片的過程中，只要出現這名球員犯錯的畫面，霍利就會對她毛手毛腳，甚至觸摸她的生殖器和胸部。他還曾對某位球員施以言語暴力，並創造有毒的團隊氛圍。萊利曾以教練權威曾迫使三名球員與他發生性關係，並且在執教波特蘭荊棘隊期間以言語羞辱球員。戴姆斯在帶領青少年團隊的時候，曾對選手大吼大叫，還硬要他們談論性生活，也強迫對方跟他發生性關係。

遇到這些情況時，運動員都會驚嚇、恐懼不已，而且完全不敢反抗。畢竟教練完全掌控了選手的活動和生涯發展，包括她的上場時間、薪水等等。

前面已經提過，想要擔任教練或帶領運動團隊，相關單位只會調查你有沒有前科，頂多再通過安全運動中心的認證就好（內容簡單的線上課程）。因此，納薩爾和巴賓頓才能不斷地轉換各個訓練營。他們很容易就獲得接觸運動員的機會，也懂得避免犯行被發現。況且，很少人懂得識別虐待行為或施虐者。

施暴者通常與受害者關係密切，擅長操縱受害者，也會博取對方的信任。他們會編造藉口，說運動員得專注於練習、也需要多休息，所以不能常與家人聯繫。他們還會與受害者分享祕密，以建立彼此獨一無二的關係。最終，他們會從擁抱或其他貌似無害的接觸動作開始打破界限，再慢慢地趁著運動員失去防備下得進寸進尺。

可想而知，被性侵的受害者內心痛苦又迷惑，需要許多年才有辦法面對與談論這段經歷。在事發當下，受害者無法理解為何會發生這樣的襲擊，說出來也不覺得有人會相信，尤其加害者是成功又值得信賴的教練。整個體系寧願袒護深具魅力、受人喜愛且成績優異的教練，也不願保護運動員的安全。

不合理的要求不是磨練

奧利維亞是西南部的某所NCAA名校的游泳選手，她高中時所接受的游泳訓練令她內心充滿創傷。那位教練的基本手段就是恐懼，包括用高難度的訓練內容恐嚇隊員，或是沒完沒了地要他們重複執行當天的訓練課表。看到不滿意的地方時，他就會在泳池邊大罵選手是笨蛋、白癡等各種羞辱人的稱呼。

她特別記得有一天練習後，教練叫每個女孩把六公斤的啞鈴高舉過頭，然後告訴她們這是要減掉的體重。隔天，某位女孩怕到躲在更衣室裡不想去練習。教練派他妻子去帶那位女孩出來，接著重申前一天的各種要求。「我無法阻止這一切，只能看著隊友在大家面前哭泣，」奧利維亞說：「比賽時，他會在池邊大喊我們游得太爛了，並大聲咒罵。」

凱特是東南聯盟的游泳選手，雖然她的成績不斷進步，但也經歷了各式各樣的虐待，焦慮、憂鬱、自殘的念頭因此也不斷加劇。她清楚記得，教練在練習時會稱呼她們是「墨西哥胖捲餅」。但她無法反對他的教學態度與方法，因為她的成績相當出色、還取得參加世界錦標賽的資格。她肩膀受傷時，教練只會冷冷地說「這都要怪妳體重增加了」，並要求她每天練六小時。她訓練過度，教練叫她必須游得跟參加世錦賽的某位男隊友一樣快。「我完全陷入了教練的心理遊戲中。」凱特說。

情緒虐待與體育界的男性文化息息相關，而且施虐者不限於男教練。泰芮・麥基弗（Teri McKeever）在加州大學柏克萊分校擔任游泳教練長達二十九年，但於二〇二二年被解雇。校方花了八個月調查，並做出五百頁的報告，內容詳述她多年來對身障選手及黑人選手的霸凌、虐待和歧視。泰芮本來打算反控校方對她性別歧視，但在二〇二三年十二月，美國安全運動中心對她祭出禁賽處分，理由是她的情緒虐待行為。

她的律師對《橙縣紀事報》（*OC Register*）說：「只因為她是女性，所以就該細心呵護運動員、在乎對方的感受。泰芮．麥基弗和許多女性只因沒有表現親切的態度，球員便以為受到刁難。」[15] 對此我們要反駁，不論其性別認同，每個教練都不該在言語上或用肢體虐待運動員；他們都應該克制自己，並遵守相同的言行標準。

什麼是情緒虐待呢？簡單來說，就是有權勢的人故意激起他人的恐懼，貶低或羞辱對方。比方說，有些教練喜怒無常、喜歡大吼大叫，嘲笑和挖苦運動員的外表、性格和表現。他們還會實施精神操控，孤立某些運動員；而父母和旁人還會以為，教練只是要求比較嚴格而已。事實上，如果選手隨時都戰戰兢兢，擔心講錯話、做錯事，那可能就是受到情緒虐待了。

艾美是一所基督教大學的長跑選手，正準備展開充滿希望的四年生活。她確實是個單純又不諳世事的孩子。開學後不久，鄰近一所大學的某位田徑選手邀請她去他家玩。她以為只是去看部電影，結果卻遭到性侵。艾美深受創傷，並感到羞愧。不久後，她開始出現憂鬱的症狀，運動表現也跟著下滑。與此同時，隊友們告訴她，教練在隊上亂講八卦，說艾美「到處亂睡」，所以大家都不敢跟她來往。

她開始在比賽前恐慌發作，害怕自己表現不好。有一次，她在比賽中哭了起來，但助理教練卻冷冷地說，運動員不准在場上哭泣。後來，與艾美最親近的室友鼓勵她，應該向教練報告自己被性侵的事，好讓他了解自己的困境。結果教練居然對她說：「男孩就喜歡這樣亂搞。我在大學時也是這麼風流。」他告訴她，繼續前進、為校隊爭取好成績才是第一要務。

艾美人生的方向就此改變。她說：「如果當時他真誠地表達關心或伸出援手，那我就可以繼續奮鬥下去。他不光是不相信我，也毫不在乎我的經歷。我以為教練應該有這方面的知識或經驗，知道運動員前來求助時該如何回應。」然而，艾美還是被眾人排擠，個人隱私還被攤開。

「在那年團隊旅行的分享會上，眾人都把炮口對著我，說我的想法太負面了，還老是在演虛弱的受創者，」艾美說：「教練當場逼迫我，要我說出我到底受過什麼傷害。這分明是在傷口上撒鹽。」艾美曾試圖自殺，但有位朋友趕緊來陪她（其實更好的做法是馬上就醫）。她隔天還是去參加訓練，並在精神虐待的氛圍下繼續參賽。在新冠肺炎肆虐那一年，已經大四的她決定暫停請領獎學金並待在家裡休養。

根據《教育修正案第九條》，接受聯邦政府資助的大學院校一定要妥善處理校園內的性騷擾和性暴力事件。艾美已向校方報告自己的情況，並接受聯邦官員的訪談，但那位教練仍若無其事般繼續執教。「一看到有大一新人要報名參加校隊，我不免想到那就是他下一個要折磨的對象，」艾美說：「我感到很無奈，因為有權力保護學生的人沒有採取任何行動。」

包括種族和性別歧視在內，所有形式的歧視都是惡行。根據美國女子足球聯盟的調查報告，長期以來，他們都未能妥善處理聯盟內的種族歧視和偏見。而且該聯盟的成員不夠多元化，年輕的黑人女孩很容易被家長和隊友歧視。報告中特別提到，教練戴姆斯曾對球員發表性別和種族歧視的言論，並報復提出異議的球員。有關單位建議，球隊應該審查教練的資格，必要時應吊銷其執照。此外，每支球隊應指定一名專員負責球員安全，並向全聯盟回報教練的不當行為，以免他轉到另一支球隊。

這類例子層出不窮。我們所訪談的數百位女性中，每一位都有被霸凌、被作弄、遭遇身體羞辱等經歷，但很少有人能找到援助或成功舉報施暴者。口頭和情感上的虐待以前都被視為「磨練」，但這種觀念已經過時。坦白說，這是一種懶惰的帶隊方法，而且從長期來看也無法收到好效果。

得知施虐事件的處置方法

虐待的形式有許多種，有些是體育環境中特有的，施暴者可能是教練、訓練師、後勤人員、隊友或家長。不同類型的虐待可能會同時發生。所有性向的人都可能成為受害者，也可能成為施暴者。

若你懷疑有個孩子是受害者，請先為他創造一個安全的空間，讓他可以說話、陳述過程，讓他覺得有人信任自己，這一切都不是他的錯。接著不要懷疑、不用查證，馬上通報有關單位，包括警局和社會局。

成年運動員受虐的話比較棘手。先找一個安全的時間和地點（最好遠離訓練場地）與當事人談一談，問他是否需要幫忙。對方可能會拒絕，但他至少知道，隨時都能找你求助。接下來，記錄你觀察到的受虐徵兆，並標註日期且記錄細節，將來向當局報告時可作為證據。如果你是訓練團隊的成員，就有義務主動向上呈報或報警。

不再噤聲

惡質的教練塑造了惡質的團隊文化，並助長施虐的言行，但會欺負人的不只有教練，還有其他運動員。奧黛麗是NCAA一級大學的特技體操隊選手，也努力經營自己的運動、學業和社交生活。她透過社群網站結識了一位炙手可熱的美式足球運動員，奧黛麗對他頗有好感，兩人也常出去約會。某個晚上，奧黛莉去他的公寓共度浪漫之夜，就在激情纏綿之際，奧黛麗卻發現他在某處裝了攝影機。奧黛麗要他好好解釋一下，但他覺得這沒什麼大不了的，並拒絕刪除影片。他邊講邊笑，而奧黛麗則覺得被侵犯了。「當時我很害怕。我顯然無法信任這個男人，也擔心接下來會發生什麼事。他會對我暴力相向嗎？他會感到愧疚嗎？這些想法一直在我腦中盤旋。」

與其他有類似經驗的女性一樣，奧黛麗認為自己孤立無援。對方是眾人崇拜的運動員，而她的控訴會有人相信嗎？沒有人告訴她，遇到言行令人不安的運動員時怎麼辦。奧黛麗說：「他是備受矚目的選手，大家都會相信他的說詞。我選擇把一切都藏在心裡，從來沒有告訴過任何人，」奧黛麗說：「不幸的是，由於我們都是運動員，所以還是有許多碰面機會……我經常低著頭走過去，而他會把視線移開。」

艾莉卡是出色的游泳校隊選手，她則是被團隊的成員霸凌。但為了全額獎學金，她只能一忍再忍。當她搬進宿舍時，立刻察覺到室友的敵意，對方時不時批評她，對她的衣櫥也要指指點點。除此之外，這個團隊喜歡戲弄一年級的女性隊員，包括灌酒、叫她們在男隊員面前跳舞、被擲酒杯和垃圾等。沒多久，她又發現校方所承諾發放的獎學金每年少了兩萬美元。這個缺口非常龐大，她的家人根本負擔不起。

父母來訪時，艾莉卡嚷著要跟他們回家鄉。她不想讓他們失望，但她知道那個環境很危險。爸爸希望艾莉卡要堅持夢想，但媽媽察覺到有些不對勁。他們決定違約，讓女兒休學一年好好想想。艾莉卡回到校園辦理離校手續時，教練說要跟她談談。她到休息室時，發現所有隊員都裡面，教練要她向大家解釋為什麼要離開。「因此我更鐵了心要離開。」艾莉卡說。一年後，這位教練因為與選手有不當的性關係而被解雇，隨後又到另一所大學執教，繼續荼毒學生。

作為治療師，我們得一再面對三緘其口、保持沉默的受虐者。因為大家都說，被侵犯與虐待的人很難獲得伸張正義的機會。因此，包括聯盟總裁、大學校長、體育主任和球隊教練在內，管理階層有責任創造一個安全、尊重選手、對虐待零容忍的環境。我們知道，這種噤聲的文化遠遠不止於體育領域；我們也相信，執法機關和司法體系需要更努力地確保每個人的安全。

第八章

容貌焦慮與飲食失調

運動員是容貌焦慮的高風險族群。

越野滑雪選手潔西・迪金斯（Jessie Diggins）在二〇二二年北京冬奧贏得銅牌，成為首位在個人競速項目奪牌的美國女性。早在二〇一八年，她也與姬坎・蘭德爾（Kikkan Randall）一起獲得團體競速金牌。諸多媒體報導了二〇二二年的這項重大成就，而《紐約時報》是這麼寫的：「在這項滿是寬肩、粗腿女漢子的運動中，迪金斯裹在滑雪緊身衣裡，看起來就像是小精靈，教人詫異她那身力量究竟從哪裡來的。」[1]

強烈的批判聲浪迅速在女性體育界爆開，大家呼籲記者和主播停止評論運動員的身形和體格，而是該集中注意力在取得優異成績的訓練方式和比賽策略。有些人質疑，記者是否接受過心理健康方面的教育，是否了解用字遣詞的嚴重性。對於還在觀望的少女來說，一旦看到運動員的外貌會被拿出來比較、批評和指責，應該就會放棄自己的運動夢想。關注越野滑雪的人都知道，潔西經常談起自己在青春期時如何受暴食症所苦。如今她每次上場都會戴上「艾蜜莉計畫」(Emily Program) 的頭帶，那是治療她飲食失調的機構。她在二〇一八年揭露自己的故事後，就開始積極代言飲食失調的防治工作。

在二〇二二年奪牌創紀錄後，潔西在社群網站上的發文不是慶祝成功，而是談論在這段過程中「最重要的收穫」，也是青少年時期的她最需要聽到的話：[2]

如今我能站在滑雪的起跑線上，是因為我活得健康、快樂，身邊還有充滿愛與支持的團隊。過去我從沒有聆聽身體的聲音、好好照顧它。幸好我尋求專業醫療單位的協助，並學會接受自己的優勢，而不再追求完美，今天才能繼續比賽。

潔西接著強調，《紐約時報》的記者比較她和其他女性運動員的身材，這種言論是有害的。她認為自己能站上世界的舞台，是因為她「努力培養韌性，並成為一個優秀的隊友。訓練時總是目標明確，比賽時則充滿勇氣，而且絕不舞弊搞小動作」。

潔西回憶道，高中時的自己才華洋溢又有實力，是典型的完美主義者，總是力求做到百分之百。所以當時她就在承受慢性壓力，而且身體還在發育和變化，只好用節食和暴飲暴食來麻痺這些痛苦。她二〇一八年在部落格中寫道，一切事情都失控時，只能透過食物來獲得掌控感。[3]「飲食失調不會傳染，你不會因為看了骨瘦如柴的運動員照片就得了這種病。可是對某些人來說，這是一種觸發因子。」她寫道。

潔西道出了飲食失調症的複雜性，它可能源自於遺傳，但也可能受到環境所觸發。有些人因為天生的特質而更容易受到影響，但也取決於許多個別因素。

其中一個是環境。有些家長或教練會監控選手的食物攝取，並過度關注他們的體重和體脂率。有些團隊的文化會加深飲食失調的習慣。此外，媒體和社會也不斷在灌輸單一的體型標準，所以大眾理想中的外貌都是又白又瘦。

留意異常的飲食習慣

專家們估計，有高達百分之四十五的女性運動員曾有飲食失調的困擾。[4]另一項研究顯示，在NCAA第一級運動員當中，有三分之一的女性運動員有類似厭食症的習慣和症狀。[5]美國神經性厭食症和相關疾病協會（the National Association of Anorexia Nervosa and Associated Disorders）表示，約二千九百萬個美國人在一生中經歷過飲食失調症。[6]而隨著二〇二〇年新冠疫情爆發，青少女因飲食問題而住院的人數飆升至歷史新高。

不論性別、年齡、種族或性取向，都會受到這種身心疾病所影響。病因是什麼？專家的看法不一，每個人的情況也不同。飲食失調症是以下幾項因子綜合影響所致：

生物因素：直系親屬患有飲食失調或心理健康問題，當事人曾經試著節食或控制體重。

心理因素：完美主義、對自己外貌不滿、焦慮症、做事缺乏彈性、思想僵化等。

社會文化因素：社會鼓吹越瘦越好，並嘲笑或霸凌不瘦的人。同儕壓力或當事人有代際創傷。

飲食失調是第二大致命的心理健康問題，但專家表示，診斷和治療的難度在於，大眾只重視骨瘦如柴又富裕的白人女孩（skinny, white, affluent girl），黑人和弱勢群體就被忽視了。例如，二〇〇六年，一組研究人員發現，白人女性有百分之四十四的機會被診斷為飲食失調症，而西班牙裔女性為百分之四十一，但黑人女性只有百分之十一。

社會上對體型、體重、身材的歧視、偏見，以及對肥胖的恐懼或排斥，也會影響這個疾病的診斷和治療。很多人誤以為飲食失調症患者都是瘦子，但事實上，所有體型的人都會患病，包括男性和非二元性別的人，只是這些人去接受診斷的比例比較低。

飲食失調症包括神經性厭食症和暴食症，但即便是非病態的異常飲食習慣，仍然有可能危害健康。這些行為包括節食、恐懼特定食物、體重老是忽高忽低、執行嚴苛的飲食規則和運動方式。有些人在吃了「不健康」的食物後，接下來幾天會拚命運動或不吃東西，甚至去催吐。這些行為的程度、頻率和負面影響不斷升高的話，就會發展成飲食失調症。

「身體臆形症」是一種心理疾病，患者無法不去想自己外表上的某個缺陷，也因此深感羞恥和焦慮。患者為了心安，會反覆照鏡子檢視自己的外表，並因此無法正常生活。

各種飲食失調症

美國飲食失調協會（National Eating Disorders Association）詳細列出了一些跡象和症狀，讓教練和家長評估選手是否有飲食失調的問題以及其健康風險。記住，及早就醫才是根本的解決之道。

厭食症

徵兆與症狀：

- 體重急劇下降。
- 穿多層衣物來保暖或掩蓋體重減輕。
- 總在思考體重、食物、卡路里和節食。
- 常常說自己很胖。
- 常常便秘、腹痛、畏寒、嗜睡或過度亢奮。
- 須以特定順序進食，會過度咀嚼或重新排列盤中的食物。
- 找藉口避免與他人一起用餐。
- 一定要「努力消耗」熱量。
- 無論天氣好壞、疲勞與否、有無傷病，都要完成每天的嚴格運動計畫。
- 變得孤僻內向、有神祕感。
- 極需要掌控感。
- 睡眠困難，難以集中注意力。

■身體指數異常，如貧血、甲狀腺激素和荷爾蒙水平過低、鉀含量低、血球少、心跳緩慢。

■常常頭暈、昏厥。

■月經不規律。

■蛀牙、牙齒琺瑯質受損和敏感性牙齒。

■手指上有割傷和繭，這是催吐行為造成的。

■體毛變細，頭髮稀疏。

後果與影響：

患者無法攝取足夠的營養，身體無法正常運作，為了保留能量，身體的新陳代謝會變慢。長期挨餓就會導致電解質失衡，並造成心律不整的問題，甚至危及生命。此外，患者也會有骨質疏鬆症，骨折風險比一般人高得多。有些人會難以懷孕，有些人的神經會受損，出現癲癇、手腳刺痛或麻木等症狀。每五名因厭食症死亡的人中，就有一人死於自殺，是所有心理疾病中死亡率最高的。

暴食症

徵兆與症狀：

- 從行為來看，當事人心中主要關注的問題都是減重和節食。
- 短時間內食物大量消失，垃圾桶裡都是包裝紙和容器。
- 飯後經常去洗手間，或是催吐，或吃瀉藥或利尿劑。
- 在別人面前進食會感到不自在。
- 有自己的用餐儀式，例如只吃（或不吃）特定食物，過度咀嚼，並刻意排好盤子上的食物。
- 跳過正餐不吃或只吃一點點。
- 在隱蔽處屯藏食物。
- 喝過量的水或無熱量飲料。
- 經常使用口香噴劑、口香糖或漱口水。
- 牙齒變色。
- 手指上有催吐造成的傷口。

- 刻意安排時間大吃大喝，接著催吐或吃瀉藥。
- 因體液滯留而顯得浮腫。
- 情緒變化劇烈。
- 體重在正常範圍內，但有明顯的上下波動。
- 有胃腸不適的症狀。
- 健檢結果異常、注意力不集中、睡眠有問題。
- 不時昏厥和頭暈、畏寒、牙齒不健康、唾液腺腫脹、毛髮細小、頭髮稀疏、月經不規則。
- 常常浮現自我傷害的念頭，須克制自己濫用藥物或做出衝動的行為。

後果與影響：

暴飲暴食、催吐、吃瀉藥會影響消化系統，導致電解質和化學物質失衡，進而影響心臟及其他器官的功能。暴食症的長期健康風險大多與厭食症相同。

嗜食症

大部分徵兆和症狀與暴食症相似，但沒有催吐行為。長期的健康後果包括肥胖和體重波動。根據美國飲食失調協會的資料，有多達三分之二的嗜食症患者被診斷為肥胖症，但體重正常或瘦子也可能罹患此病。

強迫性運動（Compulsive Exercise）

這不算是臨床上的疾病，但當事人會有以下徵兆與狀況：

- 生活中只顧著運動，有時會放著其他事情不管。
- 在不適當的時候進行，包括受傷或生病時也不休息。
- 無法運動時會過度焦慮、憂鬱、煩躁、內疚或苦惱。
- 在靜止或休息時會感到不適。
- 需要用運動來管理情緒。
- 透過運動來消耗熱量，或運動後才允許自己進食。

- 躲躲藏藏地偷偷運動。
- 訓練過度。
- 與朋友和家人疏遠。

後果與影響：

與飲食失調類似，當事人會有骨質疏鬆症、月經不規則、運動相關能量不足症候群、過度使用傷害、疲勞累積、免疫力下降以及靜息心率改變等問題。

非特定飲食失調（Other Specified Feeding or Eating Disorders）

未達到診斷標準的飲食失調患者。但他們的身心與生活都因飲食習慣而出了問題。婚姻與家庭治療師瑪麗安娜·普魯東（Mariana Prutton）表示，如果當事人的異常飲食習慣會帶來嚴重的生理、心理和社會後果，那就可以歸為這個類別。

運動變成調整身材的手段

女性運動員特別容易有容貌焦慮和飲食失調症，還有強迫性運動。雖然強迫性運動並不是病症，但無法運動時當事人會非常焦慮、憂鬱、煩躁和痛苦。為了在場上有好表現、或刻意要維持身材、或被要求要穿貼身或暴露的服裝，這些煩惱都會引起飲食失調。有些運動團隊會明定或暗示運動員的體型、體重和食量。這些因素都會導致選手有容貌焦慮、訓練過度和能量攝取不足。

運動員未能攝取足夠的食物和熱量來應對生活和訓練時，就會罹患運動相對能量不足症候群。任何運動員，無分性別或實力，都可能得過這個疾病。還需要注意的是，這些運動員不一定有飲食失調的問題，他們只是不知道自己需要多少能量來供應訓練需求。運動能量相對不足會導致生殖系統、心血管、免疫功能、成長發育、胃腸和代謝功能的問題，還可能引發或焦慮和憂鬱的症狀。

每個運動員都有可能患上飲食失調症，在體重分級的運動項目中比例更高，如拳擊和舉重，以及體型嬌小、精瘦比較吃香的運動，如長跑、體操、花式滑冰、舞蹈或跳水。游泳和排球的競賽服裝比較短薄，所以女性選手不得不承受他人對其體型的批評，她們也會對自己的身材感到不滿。有些人因為身上肌肉發達而感到尷尬，還被批評沒有女性氣質。個人項目更容易出現飲食失調症，這是因為焦點集中在運動員身上，而不是整個隊伍。

家庭功能失調、受過嚴重創傷的選手也是高風險族群。此外，有些教練只在乎贏球跟奪牌，還會頻繁叫選手量體重跟測體脂；選手自己有表現焦慮、周圍都是重視瘦身的隊友……這些綜合因素都會引發容貌焦慮和飲食失調症，所以病因非常複雜。

婚姻與家庭治療師瑪姬．沃爾許（Maggie Walsh）專門治療飲食失調，她發現，前來求助的運動員有些共同特點。例如，許多耐力運動員（如長跑選手）其實不喜歡這項運動，卻把它當成減重的萬靈丹，家長也放心地讓他們去參加訓練。對年輕女孩來說更是如此，雖然大人讓她們去運動是為了學習其他的正面價值，包括提升身體的靈活度、養成健康習慣、學會團隊合作以及提高自信心。瑪姬說：「許多病人會參加兩三個運動項目，這樣才能把時間都花上體能活動上。他們將運動視為減肥的手段，最終導致飲食失調的問題。」瑪姬表示，許多運動員本身就有厭食或暴食的傾向，而他們參加的訓練團隊又很愛量體重、評論外貌、揀選食物，所以飲食失調問題就會加劇。許多教練會指示選手要少吃某些食物、規定每日攝取的熱量上限或立下嚴格的體重標準，但這些都是有害的方法。「不管是明令規定還是團隊文化，這些營養和飲食上的過分要求都會殘害選手。」瑪姬說。過度執著於體重、體型和食物攝取的團隊與教練，都是有問題且不合適的。

蘿倫進入大學時被診斷出有厭食症，但當時尚未接受治療。這類患者很難保持與自己身高和年齡相符的體重，還會限制攝取的熱量和食物種類，並非常害怕體重增加。蘿倫原本不打算參加校園裡的任何運動團隊，不過田徑越野的教練在體育場看到她跑步的活躍身影，所以主動邀她入隊並提供獎學金。對於加入團隊接受有組織的訓練，她感到很興奮。第一年，她的功用只是為了湊足參賽人數，那時教練並未特別關注她，但她注意到隊上有些飲食規定。去外地比賽時，教練會在巴士上來回走動，沒收隊員在休息站買的甜點。他說運動飲料是「空熱量」，喝了完全沒有好處。運動員在外地餐廳能選擇的食物也受到限制。蘿倫回憶道：「某年全國大賽後，隊員們一起到連鎖冰淇淋店『冰雪皇后』，但就連點個冰風暴厚奶昔也不行。」

暑假期間，蘿倫參與慈善團體去服務鄰近的窮人。開學後回到訓練團隊時，她的表現有所提升，所以教練準備讓他參加全國大賽。但隨著壓力增加，跑步不再是樂趣，蘿倫再次出現限制熱量攝取的強迫行為。她曾告訴教練自己有厭食症的病史，但對方不以為意，也不讓她去尋求營養師的協助。教練只顧著讚揚她傑出的表現。蘿倫說：「我的飲食失調越來越嚴重，跑步成績卻一直進步。大三結束時。我每天運動多達六個小時，身體因此承受極大的負擔。我一直在受傷，但教練說按摩一下就好了。我的情況糟到連牙膏的熱量都在計算。」她接著說：「展開大四的訓練時，我的體重只剩三十六公斤，教練才總算說看來不大對勁。」

教練將蘿倫移出訓練名單，校方說，她在接受治療期間得請病假，但會幫她保留獎學金和入隊資格。蘿倫先去住院治療，然後再回到家中靜養。她狀況穩定後便回到學校，但教練卻相應不理。「彷彿我已經不是優秀的選手，不值得他花時間，」她說：「他經常讚美有些選手的體格很好，而在參加校隊前，我從來不會計算卡路里。」

蘿倫的情況像許多人一樣，一生都在應對飲食失調的後遺症。她現在已經四十多歲，也還沒有完全康復。她的婚姻受到影響，過去十五年來在醫院進進出出，還得領身心障礙的補助金。蘿倫仍然會在不運動的日子節食，但她現在能做的運動也只有伸展和散步。「每當我吃甜點時，腦中仍會聽到他的聲音。」蘿倫說。

蘿倫請求過幫助，但教練從未相信她的判斷與感覺。她因病離開校隊後，教練卻沒有履行承諾等她回來。「我現在還是無法接受，」蘿倫說：「社會、原生家庭都傷害了我，而那位教練更是毀了我的人生。」

潛移默化的飲食習慣

非營利組織「無聲跑步」（Running in Silence）的創辦人瑞秋・史泰爾（Rachael Steil）努

力在對運動社群推廣飲食失調的相關知識。她從小就與媽媽一起跑步，到高中時也參加校隊，但這時遇到了瓶頸。那時，她已將自己的價值和快樂跟跑步成績綁在一起，但還是擠不進密西根州的頂尖選手行列。她看到妹妹在服用減肥藥，所以猜想改變體能的關鍵就在於節食與揀選食物。果然，開始實行後她的體重就立即減輕，運動表現也有所提升。她在跑步雜誌的專題中學到，要減少脂肪攝取、吃超級食物以及每週只能吃一次甜點。

瑞秋進入阿奎納學院（Aquinas College）後，就得以參加全美大學校際體育協會（National Association of Intercollegiate Athletics）的比賽，且成績相當出色。然而她仍然偷偷地在精準控制體重，除了遠離社交活動，也繼續執行嚴格的飲食計畫。她的成績越好，飲食失調的問題就越嚴重，傷病問題也一一浮現。在膝蓋受傷無法跑步的那段時間，她開始暴飲暴食，這是長期節食的人常有的急性症狀，也就是會無法克制地大量進食，但隨後又覺得羞愧且痛苦。隨著體重不斷增加，瑞秋才終於去尋求外界協助；她先寫電子郵件給媽媽，描述自己這些年來所經歷的一切。

但瑞秋還是拖了八個月才開始接受治療。她參加一個支持小組，接著與一位心理治療師、一位營養師合作，後者本身也從事鐵人三項運動。瑞秋也開始跟教練報告自己的治療情況，教練非常支持她，也鼓勵她把健康放在第一要務。她重返校隊後，雖然沒有創下更優異的紀錄，但身體確實健康許多。教練有時會主動跟她討論飲食失調的問題，這樣瑞秋就不用遮遮掩掩。可惜的是，她在大四那年摔傷膝蓋骨並導致舊傷復發。瑞秋知道是時候該離開跑步，且把心力放在調養身心了。

瑞秋現在於以前就讀的高中擔任田徑越野隊的教練，回想起來，她說大學教練的支持對她非常重要。他不完全理解飲食失調的狀況，但他意識到，強迫她繼續參賽會危害到她的長期健康。因此他減輕瑞秋的壓力，以免她歸隊後急著要恢復以往的標準。「他要我把健康放在首位，這樣才能再多參加幾年比賽。」瑞秋說。

瑞秋的故事在跑步界廣為流傳，因為那些羞愧、隱瞞和掙扎的心情，許多女性都很有共鳴。有飲食失調問題的人會全力隱藏自己不健康的行為，所以父母和教練很難察覺問題的嚴重性。在演講中，瑞秋會展示自己在運動生涯中不同時期的照片，請觀眾猜猜看哪些時候她病情最嚴重。大家都會猜是最瘦的那段日子，但令人驚訝的是，她各個階段都處於疾病的折磨中。由此可知，早期介入才是根本之道。

瑪姬發現，許多父母並未意識到孩子的一些危險徵兆，例如體重下降、月經太晚來或心率過低，他們還以為那些是體能提升的副作用。然而，不管是青少女或中壯年女性，月經都該規律地出現。有些女孩會請父母不要帶甜食回家、買健康食物就好，這些父母會感到很得意，因為自己的孩子這麼有紀律又重視健康。但事實上，完全不碰某些養分（例如碳水化合物）或喜歡的食物（哪怕是垃圾食物），也會造成健康問題。以上這些跡象都是父母該觀察的指標。

最好不要為食物貼上「好」或「壞」的標籤，以免養成極端挑食的習慣。瑪姬說：「飲食失調很容易隱藏。」有些父母以為，女兒每天都有吃正餐和零食，但其實他們不知道女兒在學校把營養午餐倒掉了。前幾年在新冠疫情期間，父母關在家跟孩子相處後，才發現他們有這方面的問題。

父母以身作則也很重要。父母有節食習慣的話，孩子也會有樣學樣，以為少吃是正常的，而瘦小的身形才好看。許多父母不認為女兒的飲食失調是他們的錯，因為一家人都過得「很好」，不明白孩子為何會有這種問題。事實上，家長有時會在無意間給孩子太大壓力，比如爭取更好的成績與運動表現，而為了尋找發洩途徑、找回掌控權，孩子才會從飲食限制下手。

同樣地，教練和訓練團隊也會塑造某種飲食文化。在大學裡，選手會一起生活、一起吃飯、一起出外比賽，所以飲食習慣會互相影響。雖然沒有明確規定，但如果隊友們晚餐習慣只吃沙拉、不吃甜點，就會形成既定的團體規範。正如孩子會觀察父母的飲食方式，接著再找出自己的一套方法。飲食習慣會反映出當事人所觀察到的現象。

如何應對選手的飲食失調與容貌焦慮

頻繁地測量體脂和體重是過時且有害的訓練方式。事實上，只要攝取營養的食物、進行有效的訓練並獲得足夠的休息，運動員就不需要擔心體重計上的數字和體脂率。執著於體重與外型，他們就很容易有飲食失調的問題，甚至出現自殺念頭、心律不整或終身的健康風險。

教練可以如何修正這種陋習？以下是一些建議：

- 反省自己在食物、體重和身材方面的偏見，這些觀念會反映在你跟選手的訓練關係中。想想看，你是否以為某些體型更有助於運動表現，不妨質疑自己的這些信念，並從其他角度去理解兩者的關係。
- 如果你發現某位選手有這方面的問題，最好主動開啟對話，問他是否想找人聊聊。這有助於緩和他的羞恥感，否則他會隱瞞到身體出狀況才講。記住，問題越早發現，治療的效果就越好。

- 訓練時多強調力量、技巧和休息，而非外貌和體重。請選手多多表達自己的身體感受，看要如何改善那些感覺，例如變得更好、更強、更有精神。保持開放且肯定的態度，不要馬上評判他的說法。
- 與團隊的成員去上課，以了解飲食失調的徵兆和症狀以及處置原則。記住，你們的專業知識是運動，所以運動員的健康問題應轉介給合格的醫療人員。定期與運動員談論月經、運動能量相對不足以及心理健康等議題。無論如何，訓練團隊都應立下清楚的健康飲食建議，以及發生飲食失調的處置原則。
- 與心理健康專業人員和運動營養師建立合作關係，並定期邀請他們來上課。建立明確的轉介流程，確保選手有求助的管道。這些合作單位最好能服務各種身分認同的運動員。
- 定期讓運動員去上課，以吸收最新的營養和運動表現知識。這樣一來，運動員就不會道聽塗說，誤信過時和不健康的消息。
- 告知選手熱量攝取不足有哪些風險，包括對健康造成的長期危害。
- 絕對不要評論選手的外表、體重或飲食方式，即便是輕描淡寫的小玩笑也可能傷害到對方。

- 體型和食物選擇與文化背景相關，也可能與運動員的身分認同有關。
- 若運動員患上飲食失調，應該徵詢醫療團隊的意見，以決定是否讓他繼續參加訓練。在康復過程中，選手的運動目標、團隊氣氛與歸屬感會發揮重要的作用。

告別根深蒂固的瘦身觀念

在奧勒岡大學參加田徑隊時，作者凱蒂結交了一小群感情深厚的朋友。她們彼此幫助，共同適應這個充滿高壓和許多潛規則的環境，尤其是關於體重和飲食的規定。凱蒂在寫這本書時聯繫了一些朋友，並一起回憶往事。她們曾經一起去酒吧，但一滴酒也沒喝，而且待到晚上十點多，那已經超過平時的宵禁時間，所以依然覺得自己在叛逆使壞。她們也記得，在外用餐時，總是要仔細思考該吃些什麼才算「合適」，學姊還會評論學妹點的食物。大家在跑步時聊著彼此的飲食內容，還被要求記錄下每一餐的詳細內容，包括吃了幾片墨西哥玉米片或多少顆巧克力豆。

二〇二一年時，田徑隊的六名女性成員站出來向《奧勒岡人報》（*The Oregonian*）爆料，教練團要她們定期去做骨密度檢查，但目的是要測量她們的體脂率，然後要她們辦法降低數字[7]。有一位教練還用皮脂夾來測量每位選手的細部脂肪，並將結果記錄在電腦上。這些做法導致某些選手出現飲食失調的問題，而隊上的營養師明知道有些選手已停止月經，但仍然鼓勵她們減重。有些選手因此傷病纏身並結束職業生涯，有些選手轉學或改換運動項目。有位運動員已有飲食失調的問題，但來到奧勒岡後病情加重，只好休學回去治療與休養。

凱蒂有位資深的前隊友表示：「這不就是成為頂尖運動員的必經歷程嗎？」過了這麼多年，她仍然認為運動員是大學的資產，而他們的本分就是要聽從教練的指示，比如降低體脂肪，雖然教練沒有專業的營養學背景。這位前輩的確點出現實的狀況。這就是參加頂尖大學校隊的代價，當年她們都是承受了這些折磨。在各種外貌羞辱下，許多女性運動員心智與身體脫節了。她們被灌輸一種觀念，這全是為了獲得金牌所該付出的代價。

有些選手鼓起勇氣談論自己的苦痛，但沒有人認真當一回事，甚至還被噤聲。特技體操選手雅莉可斯說，有陣子她擔心自己訓練過量，也不確定平時攝取的熱量是否足夠。後來她被轉介給一位心理治療師，但這位校隊長期合作的專家卻笑著告訴她：「不用擔心，運動員都撐得下去。」雅莉可斯當時並不知道如何清楚表達自己的不安，與這位治療師談話後，她以為這是可以繼續訓練的保證。這位治療師也許不了解整體的狀況，所以希望她繼續為團隊爭取勝利。

再次強調，雅莉可斯做了她應該做的事，也就是尋求幫助和支持，但卻被忽視了。運動員需要治療師花時間了解他的困擾、需要哪些支持，以及過去哪些方法無效。治療師也應該提出一系列的問題，以評估選手是否像雅莉可斯這樣節食和過度運動。如果他沒有這些舉動，運動員就應該尋求其他治療師的協助。

瑪姬建議，無論是運動員自己主動提起，還是由家長或教練來開啟對話，大人都要帶著同理心、好奇心並避免施加評論。尤其是教練，雖然你不是營養或心理學方面的專家，但也該傾聽運動員的聲音，並主動關心狀況不好的選手。教練的職責不是提供心理或飲食方面的意見，而是確保運動員能求助於適合的專業人士。家長的態度也應如此，如果察覺到問題，應該馬上就醫，接著聯繫心理治療師或營養師。瑪姬說：「問問孩子，看他是否認為自己有飲食失調的問題，不要放任不管。住院治療或密集去看門診並不是嚴重的事，但暫時脫離原有的環境，孩子的情況才會好轉。這個過程很辛苦，但他一定會好起來的。」

教練應如何處理能量相對不足、外貌焦慮與飲食失調等問題，NCAA並沒有制定任何政策。不過，從現實上來看，教練在這些問題上有相當大的影響力，當他與運動員衝突不斷時，後者出現飲食失調的風險便會提高。事實上，這些問題在運動文化中根深蒂固，教練找不到具體的處理流程，一方面幫助運動員成長，但又不會助長這些陋習。至今，仍有許多人將體型、外貌與運動表現劃上等號，不斷加深這個惡性循環。

體脂率會影響運動員的表現，這點沒人會否認，但並非每位運動員都需要降到低點才能發揮實力。事實上，體重降低後，肌肉力量、爆發力、耐力和有氧能力也會受到影響。我們常常認為，體重輕、身材瘦的人比較健康，但這種觀念絕對是錯的，尤其是對於運動員。好的教練應該放開心胸，一方面願意討論女性的身心問題，也會讚揚有助於成功的因素，包括團隊合作、熱情和奉獻精神。

第九章

運動員特有的自殺危險因子

運動多少可以防止自殺和自我傷害，但運動員受比賽和訓練的影響，風險卻跟著提高。

（編按：如果你有這方面的念頭，請馬上撥打台灣衛服部自殺防治專線一九二五）。

凱蒂．梅耶（Katie Meyer）上幼稚園時，班上共有十四個小朋友，她是班上唯一的女孩。她父親史蒂夫記得，女兒多麼想跟上那些男孩子的步伐，所以下課時總是在遊樂場的設施跳上跳下、爬樹攀高、試圖跑贏男孩們。凱蒂從小就展現出一種自信。史蒂夫說：「她真是團小火焰，充滿了好奇心和一絲頑皮的光芒。她的腦筋總是動個不停。」不久後，她找到了釋放這股能量的方法，那就是踢足球。

她加入了當地的青少年球隊，而且實力迅速提升。她還發現了自己的「聖地」，也就是球門。「守門員真的符合她的個性。」凱蒂的母親吉娜說。「除了足球，她也喜歡參加才藝表演。小學二年級時，她在班上演唱了凱莉．克萊森的〈此時此刻〉（A Moment Like This），贏得了全場的掌聲。」吉娜說，凱蒂熱愛表演，所以才喜歡守門員這個位置。「那是她的舞台。她總是盡情享受比賽，在場上展現她的魅力。」

在高中時期，她參加更高層級的賽事和訓練營，並透過線上課程完成學業。她成功地在兩者間取得平衡。後來她選擇進入史丹佛大學，並在二〇一九年大學盃冠軍賽中獲選為最有價值球員。那場比賽的對手是北卡羅來納大學，史丹佛大學在PK大戰中獲勝，凱蒂貢獻了兩次精彩的撲救。她隨後成為球隊二〇二〇年和二〇二一年的隊長。除了在足球場上的明星表現，她還擔任宿舍助理管理員，並獲得獎學金和學術交流機會。

大四那年，凱蒂申請了史丹佛大學法學院，並考慮要參加美國女子職業足球聯盟的選秀。然而，有個出乎意料之外的壓力突然出現，令她感到非常焦慮。史丹佛大學的學生事務部要對她做紀律處分。二〇二一年八月，凱蒂將咖啡灑在校內的某位美式足球運動員的身上，而後者曾試圖性侵凱蒂的隊友，但性平辦公室認為那件事不能成案、無須調查。隨後幾個月，她一直擔心這次事件會破壞她畢業後的遠大目標。

二〇二一年十一月，在凱蒂向校方呈報的聲明中，有一部分寫道：「女性運動員都知道，一個錯誤就可能毀掉一切。我一生都害怕犯錯，不能喝酒，不能違規超速，成績單上不能有A減。為了留在史丹佛，我的一切都必須完美。我是個完美主義者，也患有焦慮症。這是許多女性運動員的共同困境。我們深知，在職業環境中，女性一無所有，必須比男性加倍努力，才能證明自己的資格和專業能力。我們只要有一點錯誤，就會被放大；只要展現自信的態度，就會被當成惡魔。」[1]

二〇二二年二月二十八日深夜，距離畢業還有三個月，凱蒂收到一封長達六頁的紀律處分信，校方認為她不夠資格成為史丹佛大學的學生和運動員，還要暫時扣留她的畢業證書。二〇二二年三月一日，二十二歲的凱蒂·梅耶被發現陳屍在宿舍。驗屍官確認她是自殺身亡。

「在那一刻，她彷彿是透過一根吸管在看世界，所以看不見其他東西。她努力想要達成的一切，都將崩塌。」吉娜說：「她看不到外面的世界有多寬廣。那是個黑暗且絕望的時刻。我相信，如果她能重生，一定不會再這麼做。如果她那時去散步，或有人敲她的門，或她打了一通電話，任何一個小舉動都可能改變那一刻。」史蒂夫和吉娜表示，在凱蒂去世前，他們並未察覺到任何異常的徵兆或症狀。事實上，那天晚上他們才跟她視訊通話過。她看來心情非常好，正在準備春假的旅行計畫，而且那個禮拜，她還會帶父親去參觀校園風光。她也準備在傷癒後重新開始訓練，並希望父親幫她一些忙。「我們沒有看到任何明顯的警訊，到現在還無法相信這是真的。」史蒂夫說。

親人會感到很困惑，家人自殺身亡前明明都還好好的。在凱蒂的案例中，她只有談到自己的完美主義和焦慮，並未向外界顯示出自殺的徵兆。「她對未來還有熱情，應該很安全」，許多親友的人都有這個感覺，所以突如其來的自殺會讓他們感到訝異和震驚。

離開球隊與訓練團隊的絕望感

二〇二二年春季至少有五名女性大學運動員自殺身亡，凱蒂・梅耶是其中之一。雖然ＮＣＡＡ並未公開相關數據，但一項二〇一五年的研究發現，大學運動員的自殺率低於一般大學生。[2]從某些角度來看，運動確實能改善心理健康問題；身體活動、鍛鍊以及歸屬感都有助於減輕憂鬱症狀並提升自信。儘管如此，美國疾病管制與預防中心的一項研究發現，這些效用比較常出現在男性運動員身上。況且，運動員也可能會被霸凌、虐待或濫用藥物，因而提升自殺的風險。腦震盪也會引發自殺念頭和憂鬱症狀。總的來說，運動有種種益處，但也會釀成心理健康危機。

根據美國疾病管制與預防中心的資料，美國總人口自殺率在連續兩年下降後，在二〇二一年有所上升。[3]年輕人和有色人種的自殺比例更高。[4]從二〇一八年到二〇二一年，黑人的自殺率上升了百分之十九點二，而在十至二十四歲的黑人群體中，數字更是增加了百分之三十六點六。在二十五至四十四歲的全體國民中，自殺率增加了百分之五，其中美洲印第安人和阿拉斯加原住民的自殺率激增百分之二十六。這些統計數字在二〇二三年二月公布後，專家推測，在新冠疫情期間，弱勢群族受到的影響更大，包括失業、社交孤立、財務困難、醫療問題以及親人過世等，所以自殺率才會更高。

這份報告還指出，二〇二一年，在所有心理健康指標（包括自殺念頭和自殺行為）上，最危險的族群是女孩和多元性別的青少年。根據「青年風險行為調查」（Youth Risk Behavior Survey），美國青少年的心理健康不斷在惡化，尤其是女孩。二〇二一年，近百分之三十的女孩考慮過要自殺，這比十年前增加了百分之六十。有百分之二十二的多元性別的中學生嘗試過要自殺。二〇二〇年於《青少年健康期刊》（*Journal of Adolescent Health*）發表的一篇研究指出，比起順性別的多元性別青少年，跨性別和非二元性別的青少年發生憂鬱症狀、自殺念頭和自殺嘗試的比例高出二點五倍，這是因為社會的傷害和偏見增加了他們的絕望感。[5]

運動員有其特有的風險因子，包括受傷、成績不佳、被退隊，未來的生涯願景也跟著破滅。有些人因此會覺得與周遭一切失去聯繫，因而加重憂鬱淒苦的心情。運動員離開團隊或退役時很可能會失去自我認同，並萌生自殺念頭。

對人生的希望越少，自殺的風險就越高。與許多心理健康狀況一樣，自殺是極為個人化的經歷，但都帶著深沉的絕望。絕大多數有自殺念頭的人不是真的渴望死亡，只是想結束心裡的折磨或身體上的痛苦。自殺是一種逃避，是一時的解脫，往往是由某個令人感到屈辱、羞愧或失落的突發事件觸動的。

在新的教練團隊到來後，艾蜜莉被踢出某所大學的游泳校隊，雖然當初她可是被招募進去的。這對她來說是一次重創，幸好她還有信仰可以依靠。某天她去參加教會禮拜時，牧師談到人的時間有多寶貴；它就像禮物卡一樣，要明智地使用。艾蜜莉回到宿舍後哭著對室友說：「我好累。我好疲憊。我想把我的禮物卡丟掉。」

艾蜜莉第一次有自殺念頭是在十六歲的時候，但這次念頭更加強烈。當晚，一位朋友和一位教友帶她到醫院。她懇求他們不要通知她的父母，她不想讓他們擔心。她在病床上睡著後，到了凌晨兩點，工作人員便前來辦理住院手續。

隔天早上，艾蜜莉被固定在擔架上，由救護車送往鄰近的精神病院。院方已經通知她的父母，兩人也很快趕到醫院。雖然他們是法定代理人，但並無權介入這方面的醫療行為。艾蜜莉與重度精神疾病患者一起接受治療，儘管她的病情是另一種狀況。她每天與父母通話四十分鐘，六天後才獲准出院。「我從沒想過自己會被強制送到精神病院。」艾蜜莉說：「但這對我還是有益處的，因為我能與一些同病相憐的人交流。我獲得了重生的感覺。我一定會努力過好生活，避免再次陷入這種情況。」在住院那段時間，艾蜜莉的父母每天都會在電話中強調，他們一定會在她身邊，全家人會一起度過這個難關。「我確實感覺到我的症狀消失了……那些自殺的念頭，好像在那六天過後就消失了。」她說：「但我會懷疑自己是否能再參加校隊並完成學位，也會擔心接下來的人生會因此有汙點。」

現實情況是，在美國某些地區，心理健康的醫療措施依然很過時。艾蜜莉的經歷並非個案，她在最需要親友支持的時候被關進精神病院，院方顯然忽視了人際關係對於治療的重要性。艾蜜莉需要家人陪伴，院方卻將她隔離。想想看，腿部骨折而被送入急診的病人可以有親友作陪，那像艾蜜莉這樣的心理疾病患者呢？有些醫療機構不了解心理創傷的機制，只想用短暫的處置辦法。既然醫療選項有限，有困難的人便不會想去就醫，寧願繼續承受痛苦。

只要按部就班地做，我們就有辦法化解某人的自殺念頭，帶領他走向康復、重燃希望的路。我們可以不時問問他這些問題：

你目前如何應對生活中的困境？

是否有過結束生命的念頭？

有想過該如何實行嗎？真有這樣的打算嗎？

絕望、衝動以及可用手段是自殺行為的組成因子，運動員若接觸太多自殺報導，就會開始覺得那樣做能有效結束痛苦。他還會認為自己是教練、父母和隊友的負擔。多多關心面對龐大壓力的選手（尤其是年輕人），請他們尋求專業協助，情況才有機會好轉。

如果對方正在尋求自我了結的方法，請立刻檢查他家中的危險物品，例如刀具和藥物。記住，最有效的方法是保持好奇心，因為我們無法完全理解他的感受，因此在他面前列出「一定要活下去的理由」也沒有用。我們應該告訴運動員，不管他有什麼情緒都是合理的，而且他有權說出來。同情心和安全感至關重要，最好把他安置在安全的地方，讓他多休息、也陪他一起難過。

在心理健康專業人士的協助下，家長應該嘗試與運動員討論他們失去希望的根本原因。他也許討厭球隊的文化，或覺得教練訂的目標太高，或與教練合不來。這些都有可能會帶來憂鬱、壓力、焦慮或創傷。有位運動員告訴我們，她不喜歡有人問她為什麼想自殺。儘管我們都想知道為何她會承受如此巨大的痛苦，但這是非常私人的問題。就算得不到答案也沒關係。我們應轉換方向，以同情取代探詢，並說出這樣的話：「我知道你正在受苦，請問我能幫上什麼忙嗎？」

辨識運動員的自殺徵兆

運動員的自殺徵兆與典型的自殺者不大相同。他們照常吃飯、睡覺、上課、參加團隊會議、每天訓練數小時，並且參加比賽。在外人看來，他們總是保持健康、充滿抱負。事實上，運動員早已習慣掩蓋情感上的痛苦，所以旁人很難看出異樣並請他們及早治療。

一般來說，隊友、訓練師和教練最有可能注意到運動員的身心變化。根據ＮＣＡＡ的統整，以下是需要留意的症狀：

- 不時談論、書寫或思考死亡。
- 常有衝動、攻擊性或魯莽的行為。
- 藥物的服務劑量增加了。
- 社交退縮，閃避朋友和隊友。
- 情緒劇烈波動。
- 從絕望轉為冷靜。

- 運動表現或學業成績突然下降。
- 有睡眠障礙和容易疲勞。
- 過度訓練導致受傷。
- 食欲或體重有明顯變化。

自傷的原因

為了去除誤與汙名，今日我們都以自傷取代「自殘」，而專業說法為「非自殺性自傷行為」（Non-Suicidal Self-Injury），以區分它跟自殺行為的差異。自傷是一種應對機制，與創傷有密切關聯，包括兒童時期的性創傷。除此之外，為了應對強烈的情緒、令人不安的思緒或麻木感，或是無法用言語表達痛苦時，也會出現自傷行為。最常見的自傷方式包括割傷皮膚、火燒皮膚、用頭撞牆或握拳捶牆。自傷的好發年齡為十三歲，這可能與青春期的荷爾蒙水平強烈波動有關。研究也顯示，無論性別或種族，自傷的發生率並無顯著差異。

自傷通常有兩個目的：情緒過於強烈時用來麻痺自己，或是在感到麻木時激發感受。這跟自殺不一樣，反而是為了抵抗或逃避自殺的念頭。自傷可以產生一種生理上的刺激感與愉快感，因為大腦會釋放多巴胺，所以有些人會一再自傷。透過自傷，當事人也能得到控制感，或是用皮肉傷來表達內心的痛苦。

自殺和自傷並沒有單一成因，是生活中一系列複雜因素的結果，也會因性別、年齡和族群而有些差異。家庭生活更是關鍵，從小被虐待、忽視，或與照顧者有不安全的依附關係，就很容易有這些傾向。不過，自傷也有被汙名化的問題，所以當事人都不想去尋求幫助。

朗達是各方爭相招募的壘球選手，後來加入了著名的球隊四處征戰，所以童年時光很精彩。父親是個控制狂，儘管左鄰右舍都認為他很盡責，但朗達卻有苦難言，她的母親則是毫無作為，未曾保護她。

朗達的應對機制是割傷自己，以釋放情感上的痛苦。上大學是逃離施虐者並重新開始的機會。但這時她已不再是明星球員，而是隊上的菜鳥成員，她感到非常失落（這是高中生上大學後的挑戰）。她暗地裡繼續傷害自己，直到隊友察覺到她不對勁。教練立即將她轉介到醫療機構，不允許她繼續參賽。她獲得了最急需的幫助，但也不得不放棄她運動員的身分，沒機會再參加比賽。

運動員與教練或隊友的關係不和諧甚至衝突不斷的話，就很容易有自傷行為。前青少年田徑明星瑪麗·凱恩（Mary Cain）表示，她被教練薩拉查公開羞辱、情感虐待後，就開始有自傷行為，哪怕她出生在幸福的家庭。

作者蒂芙妮曾在一個全國性的會議上講解自傷行為，現場有兩百位治療師，而他們對這個議題的了解也不大準確。在討論階段時，一位著名的男教授表示，自傷是為了引起注意，但他並未進一步加以解釋。蒂芙妮同意他的看法，受苦的人確實也渴望關注。這正是心理健康專業人士的任務，提供關懷、照護和理解。蒂芙妮常說，應該趁著看診時與患者建立連結，而不只是看病。

凱特是南方一所大學的游泳校隊選手，每當她感覺到被控制且孤立無援時，便會抓傷自己或捶打自己。在青少年時期，她還曾割傷自己，也希望有人能看到那些傷口，以發現她的痛苦。她即便穿著泳裝去參加訓練，也沒人發現到有異樣。凱特上大學後，情況變得更嚴重，於是教練帶她去看精神科醫師。但看診時，醫師卻要凱特脫下外套，並抓住她的手臂，請她直視自己的傷口。醫師完全沒有遵循創傷知情照護的處理程序，還帶著羞辱和指責的語氣說「這個傷口又不大」。凱特說：「我依稀聽到腦中有個聲音在說『下次可以割得更深』。對我來說，那是為了釋放壓力，我以為也許會有人幫助我。看醫生後，我反而感到極度羞愧，不想再讓任何人知道內心的痛苦。」

關以前是一所NCAA二級大學的足球校隊成員。為了不讓人發現她的自傷行為，她會劃在肋骨和大腿上。大一快結束時，她覺得自己那年踢得不好，再加上期末考來臨，於是開始用自傷來釋放壓力。關表示：「我時常心情低落，覺得自己不夠好、令人失望。而這種方法也變成我的壞習慣。」

教練完全不知道她的內心掙扎，因為他沒有開啟令人安心的溝通管道，球員就不想談論心理健康情況。關認為，如果她告訴教練這一切，自己將失去上場的機會。她到大三時才向一位訓練師透露自己的困境。幸好那位訓練師願意傾聽她的心聲、時常安慰她，並定時提醒她去接受治療、服用藥物，以及維持良好的睡眠習慣。在關的康復之路上，這份關心發揮了極大的效用。她說：「沒有人做錯事，但我希望教練能創造令人安心的氛圍，讓球員能無所畏懼、安心地談論心事，而不受評判。我聽過隊友講別人八卦，所以才決定要對自己的事保密到底。」

幸好關有遇到好心的訓練師。如果教練能營造出開放的團隊文化，鼓勵選手表達疑慮，他們將會更快得到援助，進而化解痛苦、提升運動表現。心理健康狀況一定有治療方法，但前提是當事人不再害怕被忽視和排擠。

介入原則

每個團隊都應該有自殺防治的標準處理流程，尤其是在大學校園。教練最有可能接到選手的求助電話，而以下是幾個應遵守的注意事項：

- 如果運動員表示自己有自殺意圖，一定要嚴正看待，不要認為他只是「為了要引起注意」。
- 手邊隨時備妥心理健康專業機構的名單，包括學生健康中心、校園輔導中心、當地診所和醫院等。列出全天候可利用的資源，並以熟悉運動圈的人為優先。
- 確保運動員不會獨自一人，他應該有人陪伴，直到醫療人員完成評估為止。
- 一般來說，要聽從醫療團隊的指示，選手才可以回到球隊或賽場上。有些運動員樂於接受建議，但有些選手會因此更加痛苦。最好讓運動員參與討論、擁有決定權，醫療團隊才能做出適合他的處置方法。
- 教練應該努力保持同情心和同理心來傾聽運動員的心聲，但也要理解自己專業上的限制。

能挽救生命的校園機制

女兒去世後，史蒂夫和吉娜．梅耶創立了「凱蒂救援」（Katie's Save），目標是在各大學一套制度，學生可以選擇指定一位救援者，在他需要指引或支持時，校方可以一起通知救援者。如果有這樣的制度，凱蒂的救援者就可以得知她將受到紀律處分，並主動聯繫她、提供幫助，或是聽她吐苦水也好。

貝拉是新英格蘭地區一所大學的足球運動員，她也用過自傷手段來面對問題。「與其麻木不仁、沒有情緒和沮喪低落，我情願割傷自己來得到一點感覺。」她說。在大二那年，貝拉在一次冠軍賽後試圖自殺，幸好隊友緊急將她送到醫院，並住了整整一星期。在那場比賽前，貝拉不時都在割傷自己，也有自殺的想法，因為她始終缺乏自信去面對一切。「我感到束手無策。我的運動表現不佳，但沒有了足球又什麼都不是，我的身分取決於我的表現以及上場時間，」她說：「我厭倦了內心喋喋不休的對話與衝突。我只想結束這一切。但那天我的朋友救了我一命，因為有她，我才活到今天。」

教練們知道貝拉心情常常不好，但並不知道她有多痛苦。出院以後，他們開始主動關心她的心理狀況並給予鼓勵。貝拉這才敢告訴他們自己所面對的難題。她說：「我覺得自己很愚蠢又脆弱，」她說：「我害怕他們不在乎我，或者以異樣眼光看我……我很後悔，應該及早開始接受心理治療，才不會演變到自己都難以承受、無法回頭的地步。」

現在，貝拉用寫日記來療癒自己，在這個空間抒發情緒和經歷，就不會被指指點點。感到焦慮時，她會做呼吸練習。換句話說，她找到了比自我傷害更健康的應對方式。貝拉說：「不管運動或學業有多重要，都不值得為此付出生命。唯有活下來，才有機會工作、打球或者做任何事情。」身為有色人種，貝拉覺得，她們這個族群很少會尋求幫助，所以學校也在試著聘請來自各個族群的教職員。這些有同樣出身背景的老師或輔導人員，會讓有色人種的學生更願意尋求治療。

貝拉說道：「我是西語裔的學生，但隊上只有一位黑人。各學校的球隊都這樣，只有一兩個有色人種的成員。遇到問題時，我們很難敞開心扉談論自己的感受。我有向校內的體育中心反映這些現象，他們也承諾要改變現況，為運動員創造更好的環境。」

儘管貝拉遇到重大的心理問題，仍然感到身為運動員的處境有人重視。而體育中心也願意做出回應、試圖改變現狀。這再次證明，只要運動員清楚自己的需求，而主管機關也願意聆聽他們的意見，就可以創造雙贏的局面。

一般來說，深陷壓力、焦慮或憂鬱時，學生很難主動打電話、發送簡訊或寫電子郵件請求幫助。有時，運動員也會因為權力不對等而感到畏懼，無論是來自教練、老師還是學校。但如果有某個人，無論是父母、兄弟姊妹或是信任的朋友，時常關注並主動聯繫，或許能帶來改變。

梅耶夫婦時常與許多專家和大學教職員交流，並發現許多能改善的領域。比方說，大學校園內的各單位是各自為政的，因此，當運動員受傷、動手術又無法顧及學業時，若體育中心、醫療團隊、教練和老師沒有密切聯繫，這位學生就會感到疲憊又不堪重負，並與日常生活的人事物脫節。這無疑是災難的開始。全面關注學生的福祉，才能提升他們的生活意義，並有效預防最壞的結果。

各級學校的體育中心應該要求教練、訓練師參加自殺防治的訓練。比方說，哥倫比亞大學有免費的線上課程以及自殺危機評估量表（Columbia Severity Rating Scale）。許多單位也有開設心理急救課程，包括辨識運動員的情緒跡象以及如何採取適當行動。這些課程跟心肺復甦術和自動體外心臟去顫器的操作認證一樣重要。有了這些措施，體育界就能更開放、更自然地討論心理健康議題，而運動員也不會再擔心說出心事會有什麼負面後果。

第十章

酒癮與藥癮：心裡的傷與身體的痛

女性運動員的酒癮和藥物濫用問題很複雜，但是都沒得到重視與討論。

二〇一六年，當足球明星艾比．沃姆巴赫（Abby Wambach）在電視上看到自己於警局拍的大頭照時，才意識到酒精「悄悄地在背後捅我一刀」。當時她剛剛退役，並與第一任妻子分開。在搬運家當，包括奧運金牌和世錦賽獎牌等物品時，她喝了酒，接著開車上路。結果她被攔下來，並送去波特蘭的監獄裡度過一夜。第二天，記者和攝影師在她前妻的家門外守候，她則在家看著自己在電視螢幕上的拘留照。二〇二三年三月，她在自己開設的播客節目《知難而進》（We Can Do Hard Things）中談到：「當時我覺得人生完了，我一生所努力和贏得的一切，踢足球、環遊世界、爭取女性平等，現在都將被一筆塗銷。」[1]

艾比參加了一個多元轉向計畫（diversion program），她必須在一年內保持無酒精和無藥物攝取的狀態，並且去法院指定的診所治療，且不定時接受抽檢。若再酗酒飲酒或濫用止痛藥、安眠藥和興奮劑，她就要承受嚴重的法律後果。這反而給她一絲安慰：「這就是我所需要的。我需要有人告訴我，再這樣做的話就會被送進監獄。我也需要新聞跑馬燈帶來的羞愧感和提醒。我得好好正視自己的生活問題。」

艾比隨後撰寫了回憶錄《前行》（*Forward: A Memoir*）。她透露自己從十幾歲起就開始飲酒，並當成放鬆的方法，好讓自己「從足球運動員變回一般人」。[2] 在訓練和比賽的休息日，或是在休賽季期間，她會用藥物來麻痺心痛的感覺。身為同性戀運動員，她的婚姻狀況備受矚目，而她選擇用藥物來面對這些壓力。「我總是在提醒自己喝太多了，有時能戒掉一陣子。幸好還有足球……讓我得以遠離內心受傷的自己，」艾比在節目中說：「就像是一種保護機制。」

艾比是少數幾位公開談論藥癮的女性運動員。雖然我們跟許多焦點團體和女性運動員交流討論過，但願意分享此事的人並不多。賓州州立大學於二〇二三年發表一項研究，結果顯示，在二〇一九年，僅有不到百分之十一的女性接受過藥物濫用的治療。[3] 在二〇一五至二〇一九年間，有四百六十一名女性參加「全美藥物使用與健康調查」，結果顯示，不分經濟、教育和文化背景，這些女性不尋求治療的原因首先是汙名化問題，其次是通勤與育兒的考量。她們害怕去就醫，也不了解戒癮的重要性。

物質使用障礙是可治療的慢性疾病。根據二〇二一年「全美藥物使用與健康調查計畫」的統計，在有物質成癮問題的成年人中，有七成認為自己正在康復中。[4]這些患者對於酒精、大麻、迷幻劑、鴉片類藥物、鎮靜劑、興奮劑或菸草的誘惑沒有克制力，進而損害了健康和社會功能。不論年齡、種族、性別或社經地位，每個人都可能有物質濫用的問題。事實上，根據美國疾管局的資料，七分之一的美國人表示曾有過這種病症。

根據美國國家藥物濫用研究所的資料，酒精是青少年最常接觸的物質，且在十二至十七歲的區間裡，女孩的飲酒比例略高於男孩。此外，許多女性也會使用藥物來控制體重、對抗疲勞、緩解疼痛。最常見的功用就是改善心情。例如，酒精會干擾大腦的通訊路徑、降低自制力，並觸發多巴胺分泌和產生愉悅感。鴉片類藥物則會阻斷大腦到身體的疼痛信號，也會觸發多巴胺釋放。運動員總想改變感覺，無論是為了加快傷病恢復，緩解焦慮或憂鬱，或像艾比一樣，想暫時放下在場上的緊繃感，回到「正常生活」。這種方法立即見效，所以人們才會一不小心就成癮。

足球選手貝拉表示，隊友們在週末時小聚喝一杯，才會有輕鬆自在的感覺。她說，寒暑假期間大家都喜歡喝酒玩樂，所以開學後就很難收心。「球隊外出比賽時，飲酒變成是社交活動，」貝拉說：「大多數人都會參與，這是大學生活的一部分。否則賽季一開始的話，我們又得回到一板一眼的訓練生活。」

對於運動員來說，競爭和表現的衝動與大腦的成癮機制有關，也就是獎勵迴路。當運動變得無趣或離開球場時，他們會渴望透過其他管道滿足這種衝動，就像戒除毒品或酒精時的戒斷症狀。越有天賦的運動員越不知道如何適度使用物質，因為他們習慣全力以赴，所以教練一旦發現有這類問題，一定要及早介入才有效。

統計數據顯示，運動員的物質濫用發生率比一般人低，而且數字正在下降。根據二〇一七年NCAA的調查，百分之三十九的運動員有酗酒行為（一次飲用四杯以上）；在二〇〇九年，女性運動員的酗酒比例是百分之五十一。[5]此外，NCAA運動員使用大麻和安非他命的比例也比一般學生少。

在某些運動領域中，選手在高水平的競爭氣氛下，比較不會有物質濫用的問題。然而，在某些沉重的時刻，像是受傷或退役時，運動員就很容易產生物質成癮的問題。對於大學運動員來說，飲酒（甚至吸毒）就像是一種成年儀式，不加入的話還有可能被排擠。專家也表示，大學校園是個「對自制不友善的環境」。[6]大家都想融入群體，所以要抗拒這種文化與氛圍非常困難。有位游泳選手去某知名大學校隊接受測試時，高年級的選手邀請她去喝一杯，她表示拒絕，但對方卻跟她說：「想加入我們就得學會喝酒。」

光是禁止也收不到成效

二〇一二年，NCAA調查了兩萬一千名運動員，當中有百分之八十九的受訪者表示，教練和管理者有提出關於飲酒和物質使用的規範，而三分之一的女性表示希望有更多的討論。[7]這類談話的主題大多是罰則，而這種方法是行不通的。還記得八〇年代的「勇敢拒絕」（Just Say No）運動嗎？政府呼籲年輕人對毒品和酒精「說不」，卻沒有更多的說明。因此，有關單位應該推動有意義而透明的對話，大眾才能理解問題所在。如此一來，這類話題才不會有如毒蛇猛獸一般，而是可以公開討論的。

這些話題之所以被汙名化，是因為大家對於物質上癮者有偏見。小時候，父母會說，不要成為那些酗酒又落魄的流浪漢，這些人都是自食惡果。然而，他們是把物質濫用簡化為個人選擇，沒有理解到這也是一種難以克服的疾病。除此之外，物質濫用也容易被當成種族歧視的標籤，而某些族群也因此跟毒癮犯或酒鬼劃上等號。想像一下，如果把癌症貼上這種族群標籤是否妥當？人們當然應對自己的行為負責，但醫學已證實，渴望和戒斷症狀也是大腦和身體的機制。從現有的文化來看，喝酒是大學生的成年儀式，而成年人而每天下班喝一杯也是常見的放鬆方式。每個人都會想辦法改變心情或減輕壓力。

因此，在社會風氣的影響下，乾杯慶祝、飲酒作樂是正常的，與其一味地監管，教練與家長更應該教導選手使用物質的合理時間與場合，並尊重絕不碰菸酒的同學。與其恐嚇他們，說不要像那些吸毒、酗酒的運動明星那樣「自毀人生」，不如建議他們多跟朋友聊聊，或尋求其他途徑來釋放壓力。研究證明，恐嚇、懲罰和威脅並不管用。

米歇爾．皮茨（Michelle Pitts）於二〇一八年進行了一項研究，名為〈運動員如何看待飲酒以及教練的飲酒規定〉（Athletes' Perceptions of Their Head Coach's Alcohol Management Strategies and Athlete Alcohol Use），並統整出三種教練常用的管理方式：

軍令如山：明訂飲酒規則、違規事項以及懲罰。

有條件的寬容：大體上並不反對飲酒，也會適時接受大家暢飲。

關懷與溝通：教練跟選手解釋酗酒的後果，並提倡安全飲酒。他會試著了解運動員的飲酒習慣和心態，並創造舒適且友善的討論空間。[8]

皮茨詢問了八百九十七名大學女壘隊員，哪些方法最有效，結果發現，後兩者有助於她們少喝一點酒，而軍令如山沒有用。（「向酒精說不」沒那麼簡單）。

許多球隊都會自訂抽菸、飲酒的規定與慣例，並形成自己的團隊文化。一位特技體操運動員告訴我們，只要穿著隊服或到外地參加比賽，都不允許飲酒（去找家人用餐時也不行）。有位教練表示，若隔天沒有訓練，運動員每週可以有一天飲酒之夜，通常會安排在星期五。另一位撐竿跳運動員則提到，他們會一同開會制定飲酒和抽菸的準則。

在激烈的賽季期間，隊友們會相互監督和照顧彼此，也會提醒對方賽前絕不可以喝酒，甚至全面禁酒。那位撐竿跳運動員說：「每個團隊在飲酒方面都有自己的傳統，而且通常是由學長姊來提醒和要求。」

對於高中生和大學生來說，要留意隊友是否陷入有酒癮或毒癮，是很大的重擔。瑪德琳是知名大學的特技體操選手，某個晚上，她和隊友跑到外地喝酒作樂，這明顯違反隊上規定。結果瑪德琳在路上摔倒並撞傷了頭部，但她擔心會被質問和懲罰，所以決定隱瞞傷勢，並在星期六再次外出飲酒。過沒幾天，因為傷口惡化，她才不得不尋求幫助。隊醫和教練得知她違反隊規並撒謊後，就請她先停止訓練。

訓練團隊並不知道，瑪德琳在隊上是出了名的酒鬼，其言行完全不像一般的大學生。他們希望這位明星選手能盡快重返賽場，反倒不擔心她違反隊規。隊醫也沒有設法要治療她的酗酒問題。她與隊友接受處罰後，過幾天就回到隊上繼續參賽。為了追求校隊的勝利與榮譽，訓練團隊就刻意忽視了瑪德琳的酒癮。

哪些是運動員的教練和家長能注意到的成癮徵兆？老是違反隊上規定、訓練時常常遲到、學業成績下滑、人際關係不佳、總是獨來獨往、容易與隊友發生爭執、暗示自己心情不好……這些都是要特別注意的選手。

如何開口聊物質成癮的問題

一直以來，我們向年輕人傳達的訊息很簡單，「戒掉就好」、「勇敢說不就好」。官方也提出了毒品濫用與防治教育計畫（drug abuse resistance education）。然而，不深入探討的話，他們只會對這些物質更好奇。所以我們得引導他們自己去檢視的那些假設與信念。

布蘭登和莎莉絲夫妻倆與許多青少年談過這些問題，並整體出以下有效的對話原則：

- 把飲酒和吸毒當成可討論的話題，而不是沒頭沒尾地命令孩子絕不可接觸。
- 提起有毒癮或酗酒的家人以及後續的健康問題。比方說：「根據家族遺傳史，我們更容易產生物質依賴或其他症狀。所以想吸毒或飲酒的話，務必要考慮後果。」就像過敏一樣，有些人碰到海鮮就會生病。

- 不去接觸毒品和酒精是唯一有效的方法。但大家都習慣用它們來玩樂或紓壓，所以年輕人很難拒絕誘惑。莎莉絲說：「對話重點在於真誠且開放。一味地警告是沒有用的。給孩子們充分的資訊，他們才能做出最明智的決策。」
- 正面回答孩子對酒精和毒品的疑問。跟他們說明，大腦的機制很複雜，尤其家人有成癮病史的話。布蘭登說：「我們無法完全阻止孩子們去接觸毒品，只能經常跟他們解釋，鴉片類藥物在醫療上有它們的用處，但不適用於娛樂或自我療癒。大人應該盡可能地提供充足的資訊，讓孩子們遇到誘惑時有機會自己做評斷。」

布蘭登和莎莉絲強調，這些問題越早談越好：

- 大人在喝酒時，若孩子感到好奇，就跟他們好好解釋這種飲料的功用與影響。
- 跟孩子說明，有些人會用酒精或藥物來改變心情，但久而久之就會依賴這些方法。告訴他們成癮的症狀，並請他們放心，若覺得自己有類似的問題，隨時可以來找你談論。

- 談談其他家族成員染上物質成癮的前因後果。真相和對話比隱瞞有用。
- 勇敢分享自己飲酒甚至曾經吸毒的經驗。讓孩子們了解到這些物質的效用有限。

失控的上癮過程

物質濫用與心理健康問題是緊密相連的。在我們接觸過的個案中，全部都有憂鬱、焦慮、人際關係、自我價值或認同方面的問題。雖然這兩者不能直接劃上等號，但心情低落時，喝酒或服藥確實能暫時提升自我感覺。從短期來看，這是有效的應對策略，甚至非常可靠、超越了其他方法。但從長期來看，現有的心理問題可能會因此加重，甚至產生其他症狀。

凱特琳在高中時是傑出的長跑選手，她上大學後沒有參加比賽，但仍然持續訓練。在一次痛徹心扉的分手後，她找不到管道排解情緒，也沒有重大的比賽（如波士頓馬拉松）可轉移目標，於是就投向了酒精的懷抱。在受傷無法跑步時，她也會喝酒。「我患有憂鬱症，但我沒有好好應對，」凱特琳說：「只能依靠酒精和跑步。」

二〇二〇年，她被診斷出患有肌張力不全（下半身會有不自主的肌肉收縮），跑步自此就不在她的人生選項中。她的人生跌入谷底，有時連走路都有困難。她常常酗酒，常常哭得無法自制。「有天我喝得爛醉準備上床睡覺時，」凱特琳說：「我告訴身邊的丈夫，我得服用抗憂鬱藥物，不然會一直想死。」

隔天早上醒來時，凱特琳的丈夫已經開始研究治療方面的資訊。她開始接受密集的治療並服用藥物。她也下定決心，要以運動員的精神邁向康復之路。她全心全力投入治療，也去參加支持團體。「在憂鬱症和這些事件的影響下，我不想再獨自承受這一切。但我想大家並不知道我過得有多痛苦，」凱特琳說：「在決定戒酒前的最後幾個月，我日以繼夜地喝。我根本不在乎後果。我不想在清醒的狀態下去處理問題。腦中有個聲音告訴我別再喝了，但我不想聽。我不能去跑步，但也沒有其他方法來面對這一切。」

不管是酒癮或藥癮，都是從「小酌」、「偶爾服用」的自主性選擇開始，但久而久之大腦受到影響，就發展成慢性、反覆發作的疾病。有些人上癮的速度很快，馬上就把它們當成生活的慰藉。很多人都認為，物質成癮者就是沒有自制力才會自投羅網。尤其是運動員，他們應該更清楚如何過得更健康。但從大腦結構來看，負責推理、解決問題和控制衝動的是前額葉皮層，但物質使用障礙不是因為那裡出了問題，而是負責產生愉悅的「中腦」受到太多刺激。吃東西和進行性行為的愉悅感都是從中腦發出的，這樣人類才能生存和繁衍後代。

壓力是另一個風險因子。運動員要承受訓練和比賽的壓力，有時即使有好事發生（比如期中考得到好成績），也難以感受到。長期處於壓力狀態下，大腦就很難察覺到正面的事情，因而變得憂鬱不安。這時我們就更容易用酒精或藥物來改變感覺。

美國海軍陸戰隊的軍醫凱文・麥考利（Kevin McCauley）研究過物質成癮的大腦機制。他整理的重點如下[9]：

- 飲酒或服用藥物時，中腦會釋放多巴胺，這是一種強大的神經傳導物質，通常被稱為「愉悅荷爾蒙」。
- 對於失樂症的患者來說，愉悅的感覺已變得稀少，大腦中的神經傳導物質處於匱乏之狀態，而酒精或藥物就有如高效的燃料，讓人一次又一次獲得美好的感覺。
- 負責判斷的前額葉皮層提出警告，但中腦告知那些是重要的物質。前額葉皮層接收訊息後，又回頭告訴中腦它們確實是必要的。

- 當先前儲存在腦中的觸發因素出現時，如生活壓力、酒品廣告或開瓶聲，杏仁核（處理情緒反應）便會將強烈的情感連結到那些記憶，中腦會釋放多巴胺，而前額葉皮層則會再次告訴中腦，這種物質是必要的。
- 這個過程不斷重複的話，大腦會被重新連接，這個人便會失去使用藥物或飲酒的控制力。

不過，令人難以理解的是，就算壓力源和服用的劑量一樣，有些家庭成員就是更容易上癮。以作者蒂芙妮的家庭為例，有些長輩就有酒癮問題，但這無法透過篩檢或基因測試來預防。我們能做的就是找出風險因素，如創傷、壓力或社交孤立，並設法有效地應對。例如，運動員所承受的戰績壓力是一種風險因素，但訓練團隊的資源和連結感有助於減輕他的壓力。然而，這些資源不是萬靈丹，而物質濫用的成因與治療法也是因人而異的。

唯一能確定的是，在完成戒癮治療後，家人的支持和生活環境是關鍵。假設某人花費一番心力才戒酒成功，但之後回到同一個高壓的環境工作，那他有可能會故態復萌，繼續用酒精來逃避問題。十二步驟戒癮法的核心精神在於，當事人意識到原有的人、事、物已經改變了，否則，若觸發因子還在的話，治療的成效瞬間就會瓦解。他再次吸毒或飲酒不是因為沒有自制力，而是許多因素促成的。重要的是，停止羞辱和指責他，轉而支持並關注他的需求。

為了緩解病痛而染上藥癮

不管是大學生或職業運動員，都必須遵守禁藥的規定。NCAA、美國運動禁藥管制組織（USADA）和世界運動禁藥管制組織（WADA）都有明列禁止使用的藥物，有些可以增強運動表現，有些會危害健康。無論是在場上或場外，只要運動員屬於這些組織的列管名單，就得接受隨機、突如其來的藥物檢測。

不少運動員會經不起誘惑而服用禁藥。有些人被教練所強迫，有些人是為了得到好成績和比賽獎金，並獲得贊助商的資金。還有一些人是想延長運動生涯，不想離開賽場。某些藥物有助於緩解疼痛、加速身體恢復的速度或改善睡眠品質。有些運動員會服用藥物，則是受制於獲勝至上的文化與壓力。

運動員有義務去了解使用補充劑和處方藥的規定。有些藥物在場外是允許的，但上場前不能服用。若是為了治病而不得不服用禁藥，運動員也要先提出申請。有些規定是凌駕於一般法律之上。例如，大麻在美國許多州是合法的，但世界運動禁藥管制組織卻不允許運動員使用，美國運動禁藥管理組織也一樣不准。

短跑選手莎卡莉・理查森（Sha'Carri Richardson）在二〇二一年美國奧運選拔賽上大放異彩，贏得一百公尺項目並成功晉級東京奧運。然而，她卻因大麻藥檢呈陽性反應而被禁賽一個月。她承認自己違反規定並解釋說，那是為了緩解母親去世後的悲痛。她因此錯失了首次奧運出賽的機會，否則她奪牌的呼聲很高。在二〇二三年，她贏得了世界錦標賽的一百公尺項目金牌。莎卡莉在上訪談節目《今日秀》時說道：「我當時情緒被觸發了，也被內心的陰暗面蒙蔽了。我受傷了，並試圖隱藏那些痛苦，雖然我明知道藏不住真實的自己。」

爭議愈滾越大。過去十年來，美國大約有一百名運動員因相同原因遭到禁賽，但只有莎卡莉的案件引起廣泛關注。包括莎卡莉在內，許多人都明確指出，在美國，黑人因大麻違規所受的罰則更重。另外有些專家指出，大麻並不會提升短跑選手的運動表現，搞不好還會扣分。儘管如此，美國運動禁藥管制組織的執行長泰加特（Travis Tygart）表示，美國必須跟世界運動禁藥管制組織的政策一致。他說：「這種案例確實有其苦衷，也令人難過，但我們沒有其他選擇，只能遵循國際上的規定。不少運動員的心理問題與莎卡莉類似，關鍵在於，如何找到方法來支持他們。」

如今，越來越多運動員公開說明自己使用大麻的原因，包括緩解疼痛。效力於WNBA鳳凰城水星隊的球員布里特妮・格萊納（Brittney Griner）在二〇二二年被俄羅斯海關拘留，因為他們在她的行李中發現含有大麻油的電子煙彈，這在俄羅斯是非法的。WNBA也不准球員使用大麻，但在布里特妮的家鄉亞利桑那州，醫療用大麻是合法的。布里特妮和許多WNBA球員一樣，在休賽季期間會前去其他國家打球，以賺取更多收入（NBA球員的薪資是WNBA運動員的四十四倍）。毫無疑問，布里特妮需要找方法來緩解疲憊和傷病。

運動員對鴉片類藥物特別容易上癮，因為他們不時得接受手術來治療傷痛。在恢復過程中，他們有時須忍受劇烈的疼痛，不然就得冒險使用這些容易成癮的物質。最近，德拉瓦州的衛生、兒福和社會機構一起合作，在地方上的足球、籃球和袋棍球聯盟加強教育，以預防年輕運動員使用鴉片類藥物。[10]除此之外，他們也教導運動員及其父母如何應對壓力，以及如何獲得充足的營養和睡眠。他們希望能降低物質濫用的風險，並教導運動員用健康的方式面對受傷、壓力和焦慮。

預防勝於治療，而有效的預防需要持續的努力。以凱特琳為例，她說她每天醒來時都會堅定地告訴自己絕對要戒酒。她以前用來跑馬拉松的心智專注力，現在可以用來保持正念，並在運動之外發現自我價值。「如果內心出現掙扎不安的聲音，就聆聽它，」她說：「以前我的人生都和跑步綁在一起，而現在我正在試著拆解這個身分，而過程中會有許多誘惑。這是要花一生探索的路徑，去找尋運動之外的自己……人生還有多條路可以走。」

第十一章
福禍相倚的社群媒體

運動員和大家一樣，容易受到社群媒體的影響，並因此感到焦慮與憂鬱。但我們也能將這些工具轉向正向的用途。

許多青少年運動員時時刻刻都在盯著手機，隨時準備好要發布生活的精彩瞬間，並找到自己最美的角度、露出笑容自拍，就算有時心情並不那麼美麗。一位十六歲的頂尖體操選手告訴我們，她時時刻刻都要掛在網上。她在等NCAA的教練來電，她猜想他們透過各大社群網站研究過她。她說：「我必須把生活所有優秀的表現都貼上網，這樣在甄選過程中，他們才能發現我的全方位優點。我不只是運動員，也是成績優異的學生，還有常擔任志工。」她聰明、上進、充滿魅力，但滿腦子都想在他人如何看自己。這位體操選手說：「我沒有時間停下來休息。每一步都被大家盯著。」

這位體操選手總忍不住要展現自己精彩的社交活動，包括發布照片和影片，還是「打卡」

昭告天下。另一方面，她也因此感到很有壓力。沒有人想要感覺被冷落、排擠，只能在家無聊地發文，而不是和朋友見面。只要隊友和朋友參加的活動，她都希望能參與，但其實她也意識到自己需要休息、遠離網路。

追求完美的生活並不容易，在網上創造完美的假象更是讓人筋疲力盡，尤其是對青少年運動員來說。這一位體操選手並非孤例，根據皮尤研究中心的資料，百分之九十二的青少年男女重度依賴社群媒體。女孩們從十一歲開始，每天花在社群媒體的時間超過兩個小時。青少年的大腦仍在發育，也正開始找尋自己的認同，卻不斷接收到美化過、精心挑選過的生活照片和自拍影片。他們拿自己去比較名人或運動員的外貌，並開始用追蹤者和按讚數來衡量自己的人際關係和價值。

這不是個好現象，但我們也必須明白，他們只是把老一輩在實體世界的連結和社交活動搬到網路而已。孩子總是盯著手機，只是因為不想錯過最新的笑話、網路迷因或社交圈的八卦。這種連結感基本上不是壞事，年輕人也因此更能關注時事、社會議題和風潮，或在性別認同上找到歸屬感。他們在網路上能接觸到各式各樣的資訊，從而發現新的興趣和愛好。他們可以與世界各地的運動愛好者聯繫、互相鼓勵與學習。這些都是上網的好處。

但過度沉迷於網路世界的話，就會引發睡眠障礙、飲食失調、焦慮或憂鬱等健康問題，甚至是被網友霸凌。研究指出，這些情況越來越常發生，尤其是在年輕女性身上。因此，家長應該引導孩子用健康的方式使用社群媒體，並不時與他們討論使用的心得。就像面對毒品或酒精一樣，一味禁止很難發揮成效。社群媒體不會消失，現代人只會越來越依賴它，對於要投入運動生涯的孩子來說，那更是重要的工具。它可以帶來正面的影響，但負面效應也不少。年輕選手進大學校隊或職業球隊後，就會成為公眾焦點。家長應該幫助他們釐清，自己想從社群媒體得到什麼，也要學會反思自己與網友的關係。

年長的人很難跟上孩子們在使用的社群平台以及互動模式。從Snapchat、TikTok、Instagram、Roblox、Discord到BeReal，每一段時間就會有新平台出現。然而，基本的社交原則還是相同的，所以我們應該多問問孩子，他為什麼要使用這些平台，滑手機時有什麼感覺。記得，不要以批評的態度討論社群媒體，而是用好奇心和開放的態度，問問孩子都在看哪些內容。除此之外，你也可以請他們教你使用最新的平台，並分享它的優缺點。只要保持求知欲與價值觀，並懂得與網友設立界限，社群媒體就是一項好工具。

奧勒岡州本德市的心理治療師蘇西．羅森（Suzy Rosen）專門面對青少年問題。許多年輕人都跟她表示，有時手機被父母沒收後，反而會有如釋重負的感覺。他們當然會反抗和表達不滿，但手機不在身邊，其實會睡得更好、吃飯時也會更輕鬆，甚至有煥然一新的感覺。

體認到這些好處後，他們在成長過程中就會更自發地養成健康習慣。「要記得，現代的孩子是數位原住民，他們根本沒有選擇的餘地，」羅森說：「在過去，你在路上踩到狗屎只有三個人會看到，然後就不了了之了。今天，這些事會透過社群媒體無遠弗屆地到處散播。」

過度比較與渴望關注的陷阱

西北地區的高中籃球選手羅絲說，社群媒體帶給她很多壓力。球隊的管理人員會把比賽和練習的照片貼到網路上，但有些照片令她很難為情。其中有張是她正準備投出關鍵並逆轉戰局的一球。「但我的表情有夠醜，我才不會把它貼到自己的專頁上。」羅絲說。

她的朋友卡蜜兒也表示同意。她參加跑步比賽後，只會在ＩＧ上貼自己拿獎盃或在看板前擺拍的照片，而不是在跑步時被拍下的瞬間。「跑步的照片很難拍得好看，」她解釋說：「腿部肌肉必須緊實，表情不能太猙獰。」羅絲則表示，女性運動員若要吸引更多粉絲，一定要重視形象。「很多運動員的實力很強，但受到的關注卻不如那些外型亮眼的選手，」她說：「網友都會著迷於那些成績好又上相的運動員。」

舉重、投擲、短跑、體操……各種運動的選手體型都不一樣，但對女性來說，很容易在社群媒體上與人比較外型，因而導致憂鬱、焦慮和飲食失調等問題。年輕的選手會對彼此較勁，也會效法年長的職業運動員。不過，那些明星選手有時會調整體型，以因應訓練團隊不同的要求。就健康的人來說，身體外貌會隨著體型有所變化。

潔西卡和賈斯汀育有兩個十幾歲的女兒，他們常常會與女兒們討論社群媒體的內容。這種對話有一些價值。從賈斯汀推薦的網路影片中，他們的女兒瑪肯西因此發現水球運動很適合自己。「那些選手身高都超過一百八十公分，腿部和肩膀都很有力量，」賈斯汀說：「瑪肯西發現，她的體型很適合打水球。這對她來說意義重大，因為她發現自己也能成為運動員。」

但女孩們看到的不僅是職業運動員的外型，還有他們的飲食方式。然而，成年運動員和青少年的營養需求並不相同。即使在長大成人後，每個人的營養需求和飲食偏好也有所差異。接觸美味的新菜色當然很好，但模仿他人的三餐內容則未必有益。追蹤體壇巨星的粉絲專頁，是為了看他們訓練的片段和生活的花絮，但那些高強度的練習是他們多年來努力的結果，而青少年不應該嘗試去模仿。

社群媒體對年輕人造成的傷害，從二〇二二年一樁訴訟案便可大略了解。原告是亞莉西絲・史賓斯（Alexis Spence），由「社群媒體受害者法律中心」(Social Media Victims Law Center）代表對Meta提出訴訟。[1]這個法律中心專門為遭受網路傷害的青少年爭取權益。根據訴狀，亞莉西絲在中學時過度沉迷於ＩＧ，因而產生飲食失調、自傷行為和自殺傾向等問題。

律師在訴狀中引用了Meta自己的內部研究報告。[2]這份報告在二〇二一年流到媒體手上，內容顯示，Meta也知道自家的網站會加劇青少女的容貌焦慮和心理問題。亞莉西絲十一歲時在父母不知情的情況下開設ＩＧ帳號（平台規定門檻是十三歲），而ＩＧ的演算法不斷向她推送美化厭食症和自傷的影片。六年來，亞莉西絲經歷過憂鬱症、焦慮症和厭食症，也住院接受治療、逐漸康復中（但本案件還在審理中、尚未結案）。

從亞莉西絲的故事就能得知，青少年特別容易沉迷於社群媒體。負責決策的大腦區域直到二十五歲才會完全成熟，而青少年才正處於大腦成長的第二高峰期。根據多項研究和醫學專家的說法，受到網路的影響，大腦在這段時間會不斷調整連結方式，青少年會更渴望即時的滿足感，包括網友的分享、按讚和評論，它們會觸發大腦的獎勵中心，促使多巴胺激增。這樣的成癮機制類似於吸毒或賭博，所以過度使用社群網站才會引發諸多心理問題。

因此，家長應該不時詢問孩子，他們在各大社群網站上想找尋什麼、出發點又是什麼。我們也可以更深入地問：「今天瀏覽社群網站後的感覺如何？你對自己的看法有改變嗎？有甚麼內容引發了你不尋常或不舒服的感覺嗎？」

與孩子定期且頻繁的對話，才有機會發現潛在的問題，並幫助他建立健康的網路心態。在還沒有網路的時代，家長會邀請孩子的同學來家裡聚餐，並在一旁觀察他們的互動方式、聽聽他們在聊什麼。父母和照顧者總會關注孩子的行為、收集他們的生活細節，了解他們正在聽什麼、看什麼。現在要獲取這些資訊，家長就要費心上網去找，因為這些對話已經移到網路世界了。

多多與孩子談論他們在社群媒體上看到的內容，同時表達對他們的信任，不要時時監控他們的動態。這樣一來，你們之間才會有更開放的對話空間，並共同應對難題。

難以預防的網路霸凌

艾莉是東岸一所私立大學的特技體操隊成員，她還是不了解社群媒體到底是好是壞。在他們這個領域，選手們會關注彼此的帳號和互相較勁，也會封鎖彼此，或是發黑函攻擊對方。

網路霸凌的來源很多，包括同學、隊友以及陌生的網友（所謂的「網路酸民」）。比較矛盾的是，有些運動迷時時關注球員的動態，卻又要公開嘲笑他們。隨著美國運動博弈合法化後，投注者也開始辱罵和威脅運動員。在沒有網路的時代，業餘和學生運動員在比賽中犯錯的話，頂多感到沮喪和自責，但場外不會有很多人關注。這種日子已一去不返。現在每個人都有手機，也都有社群網站帳號，場上的失誤會像病毒一樣四處傳播。世界各個角落的人都會知道，美國某所偏鄉高中的棒球隊真搞笑，左外野手喬瑟琳撲接球居然臉部朝下去吃土。

想像一下，十五歲的喬瑟琳在她自己的小小臥室裡不斷滑螢幕，讀著那些嘲笑的留言。她發誓再也不會離開房間了。這聽起來有點誇張，但每天都有年輕的運動員因此大受打擊。對於許多選手來說，光是想到上場表現不好就會被公審，就不自主地焦慮起來。

年輕的女性運動員更容易受完美主義所苦，因為她們缺乏安全感、害怕犯錯，不想成為下個喬瑟琳。當然，認真的選手都會期待自己有好表現，但過於害怕失敗的話，反而會停止學習和成長。因為他們不再嘗試培養新技巧或其他興趣，只想留在舒適圈裡。除此之外，完美主義者也都倦怠又疲憊，因為得維持完美無瑕的紀錄。

二〇二一年東京奧運有許多值得關注的案例，特別是奪牌無數的體操選手西蒙．拜爾斯因為心理健康問題退出比賽。她為年輕運動員樹立了極好的榜樣；當你懷疑自己是否該休息一下時，就儘管提出要求吧！西蒙知道，如果繼續比賽下去的話，她就有可能受傷、也更沒有奪牌的機會。她在東京的記者會上表示：「我們必須保護自己的身體和心理。」她也提醒運動迷：「我們是運動員，也終究還是人。」許多粉絲為她的決定喝彩，並在社群媒體上發文來表達支持。但還是有一些無知的傢伙在各大平台霸凌西蒙，還發表種族歧視的言論。面對這些殘酷的攻擊，西蒙仍然表現她過人的智慧，並優先考慮自己的身心健康。

這並不是她第一次遇到霸凌。在成長過程中，她因為肌肉發達的身材（這是多年健身的成果）在學校被取笑。二〇一六年，她又因為身材和外貌在ＩＧ上被嘲笑。拜爾斯回應道：「你們愛怎麼評論與我無關，反正這是我的身體。我愛它，也很樂於看到自己的模樣。」[3]

小威廉斯瑟琳娜是世界史上最優秀的網球選手，但也無法倖免於網路攻擊和身體羞辱，就連主流媒體也不放過她。這樣的例子不勝枚舉。二〇一五年，《紐約時報》上有篇文章在評論女性選手的外貌和體型，結果引發大眾的不滿與抨擊。[4]連籃球巨星賈霸都在《時代雜誌》上文痛斥：「作者帶著種族主義的眼光歧視、貶低黑人女性的體格，只因她們不符合白人運動員和舞者常見的體型。」[5]。

在二〇二一年的夏季奧運會結束後，國際田徑總會發表了一篇報告，其結論證實了大家早就猜到的情況；在奧運期間的各種網路攻擊評論中，女性運動員受到的霸凌佔百分之八十七。[6]研究人員觀察了一百六十一位東奧選手的推特帳號，時間從開幕式的前一週到閉幕式。結果發現，網友對這些運動員的攻擊包括性別和種族歧視、對多元性別的厭惡以及無端指控選手服用禁藥。在二〇二二年的世界錦標賽期，國際田總也做過類似的研究，該比賽於奧勒岡州尤金市舉行，研究範圍是四百六十一名選手的ＩＧ帳號。[7]結果顯示，網友的攻擊有百分之六十與性別或種族相關。再次強調，這些攻擊的主要目標仍然是女性運動員。

英國的撐竿跳選手霍莉．布拉德蕭（Holly Bradshaw）在東京奧運中獲得銅牌。世界田總公布研究結果時，她挺身而出，談到自己在二〇二二年世界錦標賽期間遇到的霸凌和騷擾。[8]在熱身試跳時她的竿子斷裂並因而受傷，最終不得不退出比賽。一些酸民將這次意外歸咎於她的體重，另一些則指控她刻意表演「脆弱的一面」，以吸引大家的關注。

這也不是布拉德蕭第一次遭到網友羞辱。自從二〇一二年參加奧運以來，她的外貌就不斷受到批評。布拉德蕭在受訪時表示：「從四面八方而來的意見令我不得不懷疑，我應該是真的很胖、體重太重了。後來有一年的時間，我就常常跳過正餐不吃，或是大幅減少食物的份量。既然大家都說我胖，那我就應該減肥了。」有了這些被羞辱的經歷後，現在她會有策略地篩選網站並限制上網的時間。她表示：「在重大賽事前，我一定會關掉社群媒體帳號，大概維持一兩個星期。雖然我不想這麼做，但若在決賽前一天看到負面評論的話，我的心情一定會受到影響。」

每個平台上都會出現跟霸凌、歧視和身體羞辱的言論，因此運動員應該節制謹慎使用社群媒體。家長應該教導選手如何保護自己，以免受到這些惡意的攻擊。

養成健康的上網習慣

運動員可從社群媒體獲得許多好處，包括與其他選手交流、學習新技巧甚至賺錢。不過，他們必須好好學習如何健康地使用社群媒體，否則便會沉迷其中，並對心理健康產生不利的影響。以下的建議有助於維持其正面的效用：

- 盤點自己正在關注的個人帳號和粉絲專頁，檢視這些人、品牌和團體給你什麼感覺？瀏覽動態消息時，不應該被觸發悲傷、沮喪、壓力、焦慮或嫉妒的感覺。如果某些帳號讓你的自信心下降，那就取消關注它們。如果有人留言時老是沒有禮貌或太過負面，那就封鎖他。你應該接收會令人感到愉快、有活力、充滿好奇心以及受到啟發的消息。
- 轉貼文章和發表評論前先想清楚。許多年輕人都不會想到自己在網路上的言論有何影響，但它們是不會消失的，因此發文前要先想一下：我的目的是什麼？想達到什麼效果？我的評論是助人還是害人？如果你不是為了鼓勵或交流，而是想要貶低或反駁他人，或許就該休息一下，暫時關掉社群媒體。

■ 管制上網的時間。現代人總是手機不離手，所以無聊時就會想看看社群媒體。但大腦需要放空，最好每天安排一些發呆的時間，或與家人、朋友度過不受干擾的時光，思緒便會更清晰、注意力會更集中，也會睡得更好。

■ 定期休息。安排一天或一週的時間遠離網路的喧囂，藉此評估自己是否在社群媒體上花了太多時間，是否在上網時感到焦慮、沮喪、不安，是否因此少了與隊友、朋友或家人共度的時間。看看日常生活中少了它會有多大的影響，這將會是發人深省又健康的體驗。

善用社群媒體的優勢

社群媒體普及之前，女性運動員只能依賴主流媒體的有限報導來獲得關注。但現在她們也能於網路平台上講述自己的故事，並推廣自己擅長的運動項目，特別是在奧運和職業層級。如今就連高中女選手也懂得利用網路的力量來宣傳重要比賽，尤其是在一些不重視女性運動的學校。羅絲說：「女性運動員就要學會做行銷。」

WNBA及其球員就很擅長社群媒體的影響力，收視率和球迷不斷增加，還能順便推廣社會議題。例如，亞特蘭大夢想隊曾在比賽中穿上「黑命貴」運動的T恤，也支持黑人牧師沃諾克（Raphael Warnock）競選二〇二〇年的喬治亞州參議員。球隊也將這些照片發布在自家的社群媒體上。聯盟也在社群媒體上推廣 #WeAreBG 標籤，呼籲俄羅斯當局釋放明星球員布里特妮．格萊納。（二〇二二年，她因為攜帶了少量大麻煙彈入境而在機場被拘留，關了十個月後才被釋放。）

大家也都還記得。奧勒岡大學女籃隊的成員賽多娜．普林斯（Sedona Prince）透過她的TikTok帳號揭露了NCAA的性別歧視措施。二〇二一年，NCAA分配給男子賽事的資源和經費比女性多更多。[9] 女性場館的健身設施只有一排啞鈴，而男球員的休息室外配有完整的健身房；女選手獲得的餐點和紀念品也很陽春。這段影片在網路上激起公憤，有關單位因此開始調查NCAA的轉播權利金、企業贊助、收入分配、組織結構及文化。民權律師蘿貝塔．卡普蘭（Roberta A. Kaplan）發表了一份厚達一百一十四頁報告，內容指出，NCAA的性別歧視措施由來已久，但管理階層都當作是正常的做法。幸好普林斯在社群媒體上揭露出來，大眾才得以知悉。[10]

二〇二三年，NCAA女子四強賽轉播的收視率創下史無前例紀錄。路易斯安那州立大學與愛荷華大學的冠軍賽吸引了九百九十萬名網友觀看，是ESPN+平台成立後最多人看的大學體育賽事。[11]新舊球迷都想看兩位明星球員的對戰：路易斯安那州大的瑞斯（Angel Reese）和愛荷華大學（University of Iowa）克拉克（Caitlin Clark）。NCAA估計，到二〇二五年時，女子賽事的商業價值將達到八千五百萬美元，相較之下，兩年前ESPN只給NACC六百萬美元的女子轉播權利金。[12]這樣的突飛猛漲是從一名球員的TikTok踢爆影片開始的，相關單位對NCAA展開審查後，社會各界才開始重視女子賽事。

這就是我們所強調的：有目標地使用社群媒體，找出它在生活中的明確功能，就能用它來推動價值觀和變革。儘管主流媒體還是比較關注男性運動，但女性運動員能透過網路平台與粉絲直接交流、提高曝光率，以吸引更多人關注女子賽事以及了解她們的訴求。坦白說，如今IG的擴散力已經大於電視和報紙了。

接受贊助與代言活動

現在，大學運動員有機會在社群媒體上透過「姓名、影像和肖像權」（Name, Image and Likeness，簡稱NIL）來賺外快，而許多州也允許高中運動員這麼做。要弄懂NIL的規範有點難，未來幾年還可能有所變化。基本上，運動員現在可以在比賽之外透過個人形象來賺錢。過去，除了獎學金外，學生運動員是不能賺取額外報酬的。但在二〇二一年七月，美國最高法院裁定，NCAA無權限制他人支付學生的教育費用，許多州和大學因此制定了NIL規定。現在，學生運動員可以簽署代言合約、收取企業贊助，還可以開設訓練營或出席粉絲活動來賺錢。

許多女性運動員的生涯也因此有所改變。例如，路易斯安那州大的安潔兒・瑞斯表示，她會選擇把大學念完，因為當學生賺的錢比提早進入WNBA還多。運動媒體平台On3估計，瑞斯在大二時的年收入為一百三十萬美元。[13] 相比之下，WNBA球員在二〇二二年的平均薪資為十萬兩千七百五十一美元。[14]

杜克大學的障礙賽選手艾蜜莉・科爾（Emily Cole）在代言領域也大有斬獲。二〇二三年，她與Garmin、Dicks Sporting Goods、Champs Sports合作，估計賺取了十四萬四千美元，並且出版了自己的著作《運動員的餐盤：非正統運動營養指南》（*The Players' Plate: An Unorthodox Guide to Sport Nutrition*）。[15] 她的IG帳户有十八萬三千名粉絲，TikTok上的追蹤人數則達到三十一萬六千人，她的個人專頁流量之高，是眾多品牌推銷產品的好平台。

科爾在書中談到她念高中時經歷的健康危機。當時，她開始自己做料理，試圖吃得健康一點。她也努力多喝水，以對抗休士頓的炎熱天氣。高三那年，在即將參加州際田徑越野賽前，她因低血鈉症而陷入昏迷；當血液中的鈉含量過低、體內水分過多，水分就會進入細胞，導致大腦組織腫脹。科爾康復後，就透過《球員的餐盤》這本書來分享過去的經歷，以幫助其他運動員了解自己的營養和能量需求。

透過這本書，科爾成為學生運動員的商業楷模。她非常清楚自己的使命，也就是幫助他人建立健康的飲食習慣。她慎選合作的品牌，許多消費者也都認同她的理念。科爾也明白，品牌代言是一份課外的全職工作，而她還得設法找時間訓練、上課、旅行和參加社交活動。她表示，這並不適合每個人，也很容易壓垮自己。「如果你沒有明確的目標，就應該小心使用社群媒體並慎選代言工作，」她說：「這些活動可能會危害身心健康。而且你簽了合約，必須按時完成任務。所以有些運動員得熬夜貼文或剪片，導致睡眠不足、運動和學業成績跟著退步。」

許多廠商會要求運動員得頻繁發文，所以後者得花更多時間在手機上。巴西的神經科學家弗堤斯（Leonardo de Sousa Fortes）做過許多相關研究，結果顯示，經常在訓練前用手機看社群媒體的運動員，訓練效果和耐力表現都會減低。[16]威斯康辛大學女籃隊的前助理教練卡羅琳．多提觀察到，社群媒體以及代言活動影響了許多運動員的生活。「運動員若是常常請假去拍廣告，就很能與其他隊員產生凝聚力，」她表示：「我還在當選手時，生活的焦點就只有籃球。我們打造了令人安心的小圈圈，並隔絕了許多外界雜音。但現在令人分心的事情太多了。」

但對於科爾來說，她的人生因為代言活動而有了正面的改變。更多人因此關注田徑越野賽以及障礙賽，也更了解女性運動員的處境。許多運動員也有同樣的啟發。雖然全美的代言活動有一半都集中在美式足球，但根據運動代言平台Opendorse的數據，截至二〇二二年底，女子籃球的代言總金額已升到第三名，佔整個市場的百分之十二點六（男子籃球排在第二，收入佔百分之十九）。[17]事實上，前十名中有六項是女子運動，包含女籃、女排和女壘（壘球的排名甚至超越了棒球）。

女性運動員透過線上代言來賺取收入，這是以前沒有的管道。況且，她們的薪資還達不到NBA或大聯盟球員的水平，但抓住這些機會，至少可以累積往後成功的基礎。可惜的是，受益最多的還是白人運動員，因為許多廠商還是認為，那些刻板的外型和美貌對消費者比較有吸引力，而優秀的有色人種運動員就得不到那麼多機會來賺外快。此外，許多選手缺乏理財知識，所以賺了錢也不知該如何投資與儲蓄。

長跑教練安吉麗娜提醒我們，增加收入確實很誘人，但也有一些負面影響。她表示：「有些孩子根本沒有賺到錢。」除此之外，企業對於品牌代言人的偏好，再加上中西部地區的種族暴力事件，都使得有色人種選手的處境更艱難。她還提到，大眾會根據運動員的膚色去解讀他在場上的表情和肢體語言。因此，黑人運動員還得花錢去做辮子頭，拍宣傳照或團體照時才會「像黑人」，這根本就是明顯的種族歧視。她表示：「我隊上的黑人選手總覺得自己不如皮膚較白的隊友漂亮，而後者也確實獲得更多贊助和代言合約。這跟她們的運動能力無關，全看她們的外貌。」

路易斯安那州立大學的體操選手麗薇．鄧恩（Livvy Dunne）在二〇二三年成為代言排行榜第一的女性運動員，預計收入達三百五十萬美元，並擁有超過九百萬名的社群媒體追隨者。她與像是Vuori Clothing和American Eagle等休閒品牌合作。[18]龐大的粉絲群為她帶來豐厚的收益，但她也因此付出代價。二〇二三年，她隨隊到鹽湖城與猶他大學比賽，當時有數百名青少年圍住了體操隊的巴士，只為了一睹麗薇的風采，結果警方不得不護送全隊成員離開場館。這是大學生代言解禁後，官方未曾預料到的後果。順道一提，事件發生後遭受抨擊的還是麗薇，酸民們說，就是因為她在網路上太紅、太活躍，才會這樣自找麻煩。

今後的學生運動員都要面對代言工作的兩難。比方說，他們也許會為了爭取贊助而明爭暗鬥，因而造成彼此的心結。有些球員會為了履行合約而帶傷上陣，或是一言一行受到其條款的規範。運動員原本用來恢復和睡眠的時間，現在必須拿來拍宣傳照、出席活動和創作影片。可想而知，運動員必會壓力沉重和過度勞累，場上表現和成績比會受到影響。

代言和贊助的相關規定還在變動中，我們還有很多東西要學習。運動員最好是循序漸進，一方面學會理財，另一面方也注意自己的情緒波動和時間分配。多多與家長或師長討論相關的成本與效益。

第十二章

生或不生的抉擇與阻礙

女性運動員要面對的還有生育以及婦科相關問題，但能求助的資源和資訊卻仍然不足。

剛加入大學校隊，她就跟著球隊去外地參加NCAA的第三級賽事。沒多久，她就得面對令人尷尬又困惑的處境。陣中大她兩歲的隊長原本是新人可信賴和依靠的對象，但有一天，她們的角色突然互換了。家長沒有隨隊，而隊長得設法搭車去藥房買驗孕棒，而這位十九歲的學妹便以超齡的成熟度情義相挺。

驗孕棒證實了隊長的猜測。她跑完了藥局後，接下來還需要一位好朋友陪她度過接下來幾週的婦產科門診和醫療對話。無論在肢體上、還是在象徵意義上，她都需要有人握住她的手。「我帶她去看醫生、做血液檢查，」學妹說：「但我們真的不知道該怎麼辦。」最終她們去找教練，幸好身為人母的她富有同情心和同理心。隊長想把孩子生下來，而教練幫她找尋醫療資源，也向醫生詢問，隊長的身體狀況是否適合繼續參加訓練。雖然有人出手相助，但在新冠疫情爆發後，隊長還是決定先休學，最後也沒有回來完成學業。根據美國國家教育統計中心的資料，當上父母的學生在五年內念完大學的機率是其他學生的十分之一。

盧思莉（Leslie Lu）以前也是NCAA三級的排球運動員，同樣經歷過「懷孕歷險記」。她當時也手足無措，因此去了校園的健康中心，而校醫幫她做了驗孕測試以及性傳染病篩檢。校園是人際關係緊密的環境，盧思莉不知該信任誰，因此她決定自己處理這件事。她說：「希望將來每個人都能更自在地談論生育問題。」

她們的經歷並非罕見個案。我們也訪問了各地和各種項目的運動員，以了解教練和校方是如何處理這些問題。畢竟，運動員的表現和受教機會取決於她們的身體狀況。不意外的是，這些議題在校園內很少有人討論，甚至從未被提及。缺乏師長指引的話，學生們就很容易身心受創。當前，美國人民的身體自主權和醫療選擇權被政客們限縮。許多地方政府都剝奪了女性、跨性別者和非二元性別者的權利，所以無法組成家庭或申請性別確認照護。

我們都知道，個人的生育自主權與控制權與其社經地位密切相關。美國心理學會指出，政府立法限制墮胎的話，對有色人種、性少數群體以及醫療資源不足的人民更加不利。生殖健康服務的資源不足，人民的壓力、焦慮和憂鬱情緒就會升高。從本質上來看，限縮墮胎權、禁止性別確認照護等措施就是在剝奪自由權，我們因此無法決定自己是誰，也無法改變自己未來的樣貌。事實上，這些政策根本是在針對那些已被邊緣化的群體。

受訪的運動員表示，目前能得到生殖健康資訊的場合，就是每年一次的《教育修正案第九條》政策說明會，但內容大多跟性騷擾、性暴力等議題有關。有一位大學運動員跟我們說：「開學時，校方會播放一段『彼此尊重、雙方合意』的老套影片，但就只有這樣了。」其他受訪的同學也點頭表示同意。

宣導《教育修正案第九條》的相關議題當然很重要，但女性運動員在訓練和表現方面需要了解的資訊非常多，荷爾蒙波動、月經、避孕、懷孕、生育選擇、產後健康……這些對於身心健康都至關重要，也是女性特別要面對的負擔。校方不再將這些話題視為禁忌，才能減輕學生的恐懼、焦慮和困惑。大量的心力獲得保留後，選手才能將注意力集中於運動技能和比賽項目。

在訪談過程中，運動員都推測，男性教練不願意談論女性健康議題，一方面是感到尷尬，又擔心會有性暗示的聯想。教練大多沒接受過健康教育方面的培訓，所以不知道如何以適當且自信態度來處理。在許多案例中，運動員都表示，跟女性教練的討論健康議題，氣氛會比較開放、自然且正常。「與運動員進行一對一對話時，我會直截了當地問月經有沒有正常。但我想男教練很難做到這一點，」越野田徑教練布魯克這麼說：「我希望他們也能適時地詢問這些狀況，並設法讓對話變得自然。因為月經會影響運動員的訓練和身體狀況。」

因此，我們全力支持各球隊和單位聘請女教練。當然，只要接受合格的培訓，男教練也能學會與運動員討論女性健康議題。多多交流這些基本的生物學和醫學知識，運動員就能釐清對自己身體的誤解，在面對生育與婦科醫療的選擇時，也能緩解內心的不安。儘管如此，女性健康議題還像燙手山芋一樣，校方、家長和教練互相踢來踢去。教練是球隊的總指揮，但他們不應該承擔所有的責任。他們可以與訓練師一起尋找資源，將運動員轉介到醫療機構。但教練應該設法多了解運動員的感受和經歷，以及她們需要做出決定的醫療決定。

月經與運動表現

之前已經討論過，月經會影響女孩參與訓練與比賽的心情，也會影響女性運動員的生涯表現。詹是某所NCAA第一級大學的田徑越野隊助理教練，她常常跟隊員解釋，大學生的身體仍在發育階段，表現有時難以達到預期。沒錯，高中畢業後女性還會發育，但就連選手自己都不知道，還以為是自己表現差。詹說：「教練只把焦點放在運動表現的話，就會忽視了她們還在成長與發育，甚至在無意間施加阻力，」她補充道：「除了骨骼和肌肉還在生長，她們的大腦也還沒發育完全。」

對運動員來說，低能量可用性（LEA）、骨骼健康、生殖健康和心理健康是相關的議題，所以應當多吸收這些資訊。詹會開書單給選手，讓她們知道如何補充能量與維持活力，也會在訓練前後與她們輕鬆地一對一交流。詹說，與選手一起慢跑，就能得到更真實的訊息。並肩奔跑、無需眼神交流，運動員就更容易談起生活的點點滴滴。經常談論月經週期及其影響，運動員就越能適應身心的起伏。她說：「如果她們知道問題出在哪裡，就不會對訓練的低成效感到自責。根據她們的身心狀況調整訓練內容，就能幫助她們保持實力。」她補充道：「展開自然的對話，不要讓教練的自尊心妨礙這個過程。如果選手表示今天的訓練沒用，請虛心聽取她們的意見。」

在運動明星的推廣下，月經這個議題變得更普及。這是重要的生理活動，是健康的指標，任何人都無需感到恐懼或羞愧。例如，三屆鐵人雙項世界冠軍帕蘭特—布朗（Emma Pallant-Browne）在二〇二三年五月參加比賽時，被拍到衣服上有血跡，但她不覺得尷尬，反而利用這個機會討論運動員的月經。

「百分之九十九的女性都會因為經血流出而感到羞愧，所以我才要站出來講，這根本不是她們的錯，」她在IG上寫道：「這是自然的生理現象。作為一名耐力運動員，我曾因為飲食不當而沒有來月經。而現在衣服會沾到經血，我反而覺得很放心。所以如果妳有這樣的照片，請保存、珍惜它，並記住那天妳是如何努力撐過去的。有一天，妳就能像我一樣幫助別人。」[1]

關於月經如何影響運動表現，各種研究仍不斷進行中。現在教練們擁有的知識更多了。舉例來說，在月經期間，運動員需要額外的恢復時間，而且這時她們的韌帶和肌腱特別鬆弛，最容易受傷。除此之外，教練也應該依照選手的生理期來安排高強度的肌力訓練或耐力訓練。但再次強調，每個人的身體都是獨特的，不見得能從荷爾蒙波動中獲得超能力。這些研究是非常重要的參考資料，教練可以藉此來改良運動員的營養與補充計畫，並依照荷爾蒙水平來調整訓練方案。運動員的心理狀態也會隨著月經週期改變，包括身體不適連帶產生的自信心下降、易怒和憂鬱。

某大學的鐵人三項選手薩黛非常感謝她的教練團，因為她們將月經納入調整團隊成績標準的考量。因此，運動員不需要隱瞞月經來了，並可以開放地討論自己的感受。她說：「在某次比賽中，某位隊友的表現遠低於平常水準，教練問她發生了什麼事？身體是不是不舒服。我的隊友直接說她生理期來了，教練點頭表示了解，就沒有再進一步追問了。」

身體的自主權：避孕、墮胎與性別確認照護

可惜的是，在美國某些地區，許多人都不想或不敢討論運動員的生殖健康問題，包括月經和避孕。伊莉莎白·凱里（Elizabeth Carey）在西雅圖的某所高中擔任田徑教練，也在教練大會上發表演講、討論生殖健康的議題，並且著有《跑步的女孩：如何奮力一搏、成長茁壯並跑出最好成績》（*Girls Running: All You Need to Strive, Thrive, and Run Your Best*）。她說，羞愧、恐懼和政治力阻礙了生殖科學的發展。「這些文化因素的影響下，許多運動員都沒有能力面對月經和避孕議題，因為她們承受了許多相互矛盾的壓力。每個女孩的人生都是獨特的，也會受到自己的家庭、社經背景、居住地區和周邊的政治風氣所影響。」她解釋道。

艾蜜兒曾是一所著名大學的水球校隊成員；她來自加拿大，並選擇到美國上大學、參加NCAA比賽。現在她正在攻讀博士學位，研究女性運動員與生殖健康，以及相關的選擇及決定。在大學期間，她上過女性健康的課程，並深刻意識到，她對自己身體的了解很淺薄，也不知道自己有哪些醫療選項。於是她就改用子宮內避孕器。在此之前，她是透過定期注射Depo Provera來避孕。她在加拿大時有全民健保可用，所以打避孕針很輕鬆，但在美國的情況就不一樣了。她說：「我去找隊醫，告訴她我有避孕針的處方，器材和藥物都齊全，只需

要由醫生來注射。她說她無法幫忙，因為我的運動員保險沒涵蓋這部分費用。」艾蜜兒接著說：「隊醫說，我可以去她的私人診所，但那裡離學校有四十五分鐘車程，而我沒有車。如果我早五年知道有子宮內避孕器這個選項，我就可以更輕鬆地面對這個問題。但當時我接觸不到相關的資訊，什麼都沒有。」

艾蜜兒會採取避孕措施是為了改善生理期的不適感。使用子宮內避孕器後，她月經來時就不會再有偏頭痛和噁心感。但她還需要更多資訊來了解它對運動表現和其他生理狀態的影響。女性運動員在挑選避孕措施時都得考慮這些問題。她說：「我每個月生理期來時都會頭痛、嘔吐，這的確是個醫療問題，而且涉及到我的生殖健康。我必須克服這些障礙才能繼續參賽，」她接著說：「如果我懷孕了，就沒辦法比賽了，對吧？」

當然，採取避孕措施不完全是為了避孕。它還有助於減少出血量和青春痘、縮短月經週期（或變得更規律）並緩解其他相關症狀。然而，目前許多州議會都立法限制或禁止墮胎，遍及範圍包括東南聯盟、十二大聯盟和十大聯盟的各大學院校。這麼一來，避孕教育就變得加重要了。

諷刺的是，就在我們慶祝《教育修正案第九條》通過滿五十週年的隔天，美國最高法院卻推翻了《羅訴韋德案》（Roe v. Wade）的判決，也就是說，墮胎不在憲法保障的權利內。足球明星梅根・瑞皮諾（Megan Rapinoe）在那天含淚說出全美許多民眾的感受：

> 在這個慶祝《第九條》五十週年的時刻，卻發生這樣殘酷又諷刺的事。《韋德案》曾給予無數女性選擇權，讓我們有機會決定自己的人生方向。
>
> 此外，我們這些運動員才有機會釋放像獨角獸一般罕見的天賦，成為職業運動員……或是進大學接受高等教育。

瑞皮諾與另外五百位運動員，包含奧運選手、WNBA和NWSL的職業選手，以及數百位大學生運動員，共同向最高法院提交一份「法庭之友意見書」，針對推翻《羅訴韋德案》的《多布斯訴傑克森婦女健康組織案》（Dobbs vs. Jackson Women's Health Organization）表達立場。她們在文件中分享了自身經歷，並說明生育自主權的重要性，包括得以參與運動、追求職涯目標。[2] 奧運游泳金牌克莉希・柏翰（Crissy Perham）詳細談到，她在大學時期有採取避孕措施卻意外懷孕。她說：「我拿獎學金上大學，也剛在運動界嶄露頭角，我不想因此休學一年。我也還沒準備好要當媽媽。所以我選擇了墮胎，這彷彿是獲得了重啟人生的第二次機會。」

另一種情況也是許女性的悲慘經歷。據估計，每年大約有五分之一的女大學生遭受性侵。一位不願透漏姓名的田徑運動員談到：

許多隊友跟我訴說自己被性侵和強暴的經歷。她們的心理健康和運動表現大大下滑，日常生活各個方面也出了問題。更可惡的是，有些施暴者就是我們同校的男隊友。我們每天在訓練時都要面對這些性侵犯。她們如果沒有進行安全合法的墮胎手術，就得懷孕生下小孩，這將是難以承受的負擔。

最高法院在二〇二二年做出裁決後，許多州都禁止墮胎，但NCAA和多數的體育機構都沒有為教練和工作人員開設相關課程，教他們如何協助意外懷孕的運動員。二〇二三年，研究人員在《大學體育期刊》（*Journal of Intercollegiate Sport*）發表一份報告。他們前往中西部的一所體育名校訪問一百四十六名女性運動員，當中有百分之九十的學生完全不了解NCAA的因應措施，甚至有百分之九十八的學生表示，校內的體育中心沒有發布任何相關資訊。[3]

對布魯克和許多教練來說，這種情況一點也不意外。她表示，教職員在得知運動員懷孕時應如何處理，校方根本沒有相關規定。另一位教練更直接表示：「我完全沒有得到任何資訊。」我們訪問了好幾位NCAA的教練，若是隊員懷孕時，隊上有無因應的對策以及指引步驟，結果是沒有。布魯克說：「希望選手在遇到這種情況時能主動來找我。我會跟她好好談談，讓她依據內心真正的想法做出明智的決定。」

許多人都認為，女性在墮胎後必定會深深懊悔、悲傷不已，但研究結果卻不是如此。在加州大學舊金山分校的「促進生殖健康新標準」(Advancing New Standards in Reproductive Health）計畫中，研究人員發表了「墮胎遭拒研究」(Turnaway Study)。他們在二十一個州找來一千位女性，接著進行為期五年的追蹤研究，當中有女性依自己意願成功墮胎了，但有些女性被拒絕。[4] 結果發現，「如釋重負」是墮胎後最普遍的情緒反應，而在五年後，有高達百分之九十七的受訪者表示，她們仍然認為當初的決定是正確的。該研究的主持人心理學家安東妮亞·比格斯（M. Antonia Biggs）指出：「重點是，墮胎並不會造成心理健康問題。」[5]

身體自主權對跨性別與非二元性別者也有正面作用。二〇二三年，研究人員找來三百位跨性別與非二元性別的青少年，接著進行為期兩年的追蹤。結果發現，接受性別確認荷爾蒙治療後，受訪者的憂鬱與焦慮程度顯著下降，對生活的滿意度也提升了。[6] 這項研究驗證了先前的研究結果，無論是社會、心理、行為還是醫療層面的「性別確認照護」，都能有效改善跨性別與非二元性別者的心理健康。這些照護措施的核心在於支持與肯定性別認同不同於其出生性別的族群。

舉例來說，WNBA首位公開出櫃、自我認定為跨性別與非二元性別的球員萊西亞・克拉倫登（Layshia Clarendon），就在二〇二一年開心分享她接受「平胸手術」的喜悅。她在IG上寫道：

> 我第一次看到自己的胸膛沒有乳房了，那種感覺真的很難用言語形容。終於看到心中認同的身體樣貌，我才從性別不安轉變成性別欣快（gender euphoria）。我平常不太害怕公開分享自己的消息，但對跨性別和非二元性別者的仇恨、迷思與無知實在太多了，所以我一度猶豫是否該公開這份喜悅。希望大家記住：我的自由就是你的自由，只要還有任何一個人不自由，我們就全都沒有真正的自由！[7]

學生運動員的育兒權利

莎拉・沃恩（Sara Vaughn）曾兩度代表美國參加世界田徑錦標賽的一千五百公尺賽事。

現在她正致力於讓懷孕或為人父母的大學運動員了解自己的權利，並在追求夢想的路上得到更多支持。二〇〇六年，莎拉和現在的丈夫布倫特・沃恩（Brent Vaughn）都是科羅拉多大學波德分校的田徑選手，當時莎拉意外懷上了他們的女兒，所以面臨了不少挑戰。

當時他們去學校的健康中心詢問有哪些照護措施，護理師還以為他們是來預約墮胎的，因為每學期大約有十來位女運動員有這方面的需求。不過，十九歲的莎拉已決定要把孩子生下來。對她和教練來說，這是個未知的挑戰。她繼續參加室內田徑賽。有一次，她要到體育館的自習室看書，卻被拒於門外，因為管理員不相信肚子隆起的她是田徑隊成員。

教練從未與她討論產後該怎麼辦，也沒說明她該如何健康地重返訓練團隊。有些教授甚至要求她在產後四天就回去上課，她也只好帶著剛出生的嬰兒到課堂上。她知道必須維持好成績、盡快恢復訓練，才能保住獎學金。因此她和布倫特排好育兒的班表，每天穿插在課堂、自習室和跑步訓練之間。布倫特甚至靠打撲克賺錢、撐起家計。雙方的父母也跟著夫妻倆四處奔波、幫忙照顧孩子，隊友們也會輪流幫忙抱孩子。「我一心想著要盡我所能，趕快回到軌道上，」莎拉說：「我能夠撐下去，大概是因為我很天真吧！我完全沒意識到現實多艱難。」

十六年後，如今已育有四個孩子的沃恩夫婦深知，運動員應該擁有更完善的支持系統。他們創立了「沃恩托育基金」，幫助有育兒責任的大學生運動員順利完成學業，並協助他們克服最困難的障礙，也就是提供托育資金。這個非營利組織也致力於提供課程與培訓計畫，以填補校園裡的制度缺口。根據NCAA的統計，百分之九十二的大專院校沒有制定對策去處理運動員懷孕或育兒需求。「有這些遭遇的人都有一樣的矛盾心情，要嘛只能休學準備去生小孩，或只能墮胎……她們會覺得自己根本沒有其他選項，」莎拉說：「我自己當初也是這樣，只有兩條路可以走。所以我必須很堅定地告訴教練：『我決定要把這個孩子生下來！』」

NCAA在二〇〇八年發布了一份一百零七頁的對策範本，各大學可加以參考並制定自己的懷孕運動員護理指南。[8]原則上，運動員不得因「懷孕、分娩、假孕、人工流產或其後的恢復過程」而被要求離隊，校方也不得中斷其獎學金。根據《教育修正案第九條》，學生接受合法墮胎且因此需要休養的話，校方不得加以懲罰。然而，在一些墮胎已被禁止的州，NCAA目前尚未表明其立場。所以我們也不大清楚，運動員前往開放州墮胎的話，當地人民是否會被指控「協助和教唆」犯罪。

制度如此混亂，所以運動員恐懼又不知所措，不清楚自己到底有哪些權利。例如，其實她們可以選擇申請「傷病紅衫」(medical redshirt，即一年暫停出賽，但不會影響其資格)，以便在休賽後能夠繼續領取獎學金。「我希望她們知道，不管做出什麼決定，她們都不是孤軍奮戰，」莎拉說：「這一切回歸到教育，也就是讓選手知道自己的選擇和權利。」

產子成家的艱苦之路

女性運動員想在運動生涯中建立家庭的話，就得面臨許多現實上的挑戰。她們必須巧妙安排懷孕時機與賽季時間，甚至要先凍卵，等到職業生涯結束後再受孕，但這項服務費用昂貴，而且也不保證能受孕。有些人選擇收養小孩，有些人得面對不孕的問題，也有人要考慮哺乳對運動表現的影響，還有去外地比賽如何帶小孩。

女性運動員心目中最理想的世界，就是可以依照自身需求來安排懷孕時機，而不必為了成家而犧牲運動生涯。建立家庭從來不是一件簡單的事，當中充滿了艱難的抉擇，而男性運動員很少需要考慮這些事。因此，越來越多女性運動員投入時間與精力去爭取完善的育兒保障，希望有一天能幫助到想在巔峰時期成家的運動員。

足球明星雅莉可斯．摩根（Alex Morgan）的女兒在二〇二〇年誕生後，便積極為身為人母的運動員們發聲。在球員工會前去談判後，美國女子足球聯盟承諾給予八週的育嬰假。雅莉可斯指出，球隊還有其他方式可以幫助運動員安心育兒，讓她們在場上繼續奔馳，包括為保姆提供住宿、餐食與差旅費用。有網友問道，球隊哪來那麼多資源可以照顧新手父母，雅莉可斯則直言回應：「如果團隊老闆沒有錢照顧自己的球員，那就不配擁有一支球隊。」[9]

雅莉可斯的隊友貝琪・索爾布倫（Becky Sauerbrunn）在二〇二二年決定凍卵，當時她三十六歲。為了進行這項療程，她必須先離開球隊。她在播客節目《女力領域》（On Her Turf）中談起這件事：「要跟國家隊提起這件事，令我非常緊張。我得設法在兩次集訓間完成這個療程。」[10]然而，這種生育與職涯的拉扯，對任何女性運動員來說都不陌生。她會公開談論這件事，是受到三年前的事件所啟發。二〇一九年，WNBA與球員工會簽定協議，聯盟每年得提供兩萬美元的補助金讓球員去領養小孩、找代理孕母、冷凍卵子或治療不孕症。貝琪說：「我不希望在思考職涯發展時，還要承受這一層額外的壓力。對於像我這樣年紀較長的運動員來說，常常都在思考自己是否想要組家庭。」

美國的育兒福利體制並不完整，為人父母也得不到任何基本保障。二〇一八年，奪牌無數的短跑選手艾莉森・菲利克斯（Allyson Felix）為了隱瞞懷孕的事實，每天都得趁著天未光時偷偷去訓練，而且當時她正與贊助商Nike重談合約。她在《紐約時報》製作的紀錄片中回顧道，Nike當時正準備將她的代言費砍掉百分之七十，並且拒絕保障她懷孕期間的收入。[11]Nike和其他公司以前的慣例都是，一旦運動員無法比賽，不管是懷孕或等待產後恢復，就會減少或止付她的代言費。

艾莉森罹患了會危及生命的子癲前症，所以在懷孕三十二週時緊急剖腹。女兒在新生兒加護病房度過生命最初的幾個月，艾莉森也一直對外保密。那段期間，她也開始深入了解黑人女性在孕產醫療中所面臨的不平等待遇。研究指出，醫療人員在面對黑人母親時，比較不願意花時間溝通，也很容易忽視她們所陳述的症狀。因此，黑人女性死於妊娠相關併發症的機率是白人女性的三倍。

就在艾莉森生產前一年，網球名將小威廉斯也在驚險中剖腹產女。她本身有血栓體質，在產後曾向醫療團隊表示，自己可能有肺栓塞的問題，但醫護人員認為她只是身體不舒服或意識不清，拒絕為她安排電腦斷層掃描，也沒有開給她抗凝血藥物。她做了腿部超音波檢查，但醫師沒發現異常，接著才進行電腦斷層掃描，結果顯示她的肺部確實有血栓。

自那之後，艾莉森便代表黑人母親在國會作證，詳細說明她們在接受醫療照護時所面臨的種族偏見。諷刺的是，Nike也在這時推出「夢想孕動」(Dream Maternity）廣告，強調母親運動員的堅韌形象。艾莉森與頂尖跑者卡拉・古徹（Kara Goucher）和艾莉西亞・蒙塔紐（Alysia Montaño）一起在《紐約時報》上公開揭露，Nike等公司消費她們的母親身分，卻沒有支付她們懷孕期間的代言費，也沒有給額外的獎金。[12] 幾週後，Nike率先宣布改革，運動員若在合約期間懷孕，公司保證會在這十八個月內繼續支付代言費與獎金。最終，艾莉森與女性運動服飾品牌Athleta簽下新合約，成為該品牌第一位代言人，西蒙・拜爾斯稍後也加入她們的行列。

在東京參加最後一屆奧運會後，艾莉森在記者會上回顧她那個重要的決定；在國會挺身而出，不只是為了自己，也為了所有的母親，不論她們從事的是哪一種職業。她說：

> 今天走到這裡，能鼓起勇氣做出這樣的選擇，對我來說真的是一段艱辛的長路。這當中累積了很多人生經歷。我很慶幸能站在這個位置，因為還有太多事情需要被看見、被改變。也正是因為我親身經歷了這一切，我才能真正看清楚事情的全貌。

在為人母這件事上，女性要得面對來自社會以及自我的高度期待。為了追求職涯發展而將孩子交由他人照顧，這種內疚感是真實存在的。運動員就像各行各業的媽媽一樣，既想做自己熱愛的事，也想好好照顧孩子。她們也要面臨所有新手父母都會遇到的挑戰，包括尋找托育資源、重返職場後如何哺乳以及產後憂鬱等，這些都會影響她們重返賽場的步調。

可想而知，許多運動員會想盡快恢復訓練。成為父母後，他們脫離了原本熟悉且得以成長的環境和規律，所以想找回那種成就感。雖然運動有助於緩和產後憂鬱，但運動員還是不能倖免於難。小威廉斯在產後僅三個月就重返美國網球公開賽，因此得面對一些「艱難的個人課題」。二〇一八年，她在ＩＧ上談到，她不覺得自己是個好媽媽，但不時向媽媽、姊姊和朋友傾訴後，她才意識到這其實是很正常的感受。小威寫道：

> 我長時間工作、持續訓練，努力成為最好的運動員。雖然我每天都在女兒身邊，但還是沒辦法全心陪伴她。很多媽媽應該也有同樣的經驗。如果妳們最近幾天過得很不順、情緒低落，沒關係，我也跟妳們一樣！[13]

前面提到的艾莉西亞・蒙塔紐曾三度獲得世界錦標賽八百公尺銅牌，她也是三個孩子的母親。她長期以來都在為懷孕的運動員發聲。二〇一四年，她在懷孕八個月時仍參加全國田徑錦標賽，引起大眾議論紛紛。她想透過行動向女性證明，當媽媽並不代表要結束運動生涯，兩者是可以兼顧。第一個孩子出生後的幾個月內，艾莉西亞接連拿下兩座全國冠軍，並代表美國參加在北京舉行的世界錦標賽。她還在賽事期間擠母乳並冷凍包裝寄回給女兒。她也著手推動法案，以保障懷孕的運動員能繼續保有美國奧委會的健康保險；否則根據原本的規定，女性若因懷孕暫停出賽，保險就會被取消。

在二〇二〇年的母親節，艾莉西亞成立了一個名為「&Mother」的非營利組織，她想要從運動領域開始改變職場生態，讓母職不再受到歧視、忽視和貶低。[14]這個組織推動的計畫包括爭取運動母親的補助金，家庭開支費以及心理健康服務。新手媽媽想參加奧運等級賽事的話，有關單位也應提供一萬美元的贊助。他們也與企業合作，協助參加二〇二一年東奧的選手儲存或運送母乳。他們也曾在大型體育賽事中設立哺乳空間，並為參賽的運動員提供免費托育服務。

艾莉西亞和沃恩創立了這些組織後，許多缺口就被填補了。現有體制長期忽略了女性運動員的負擔，有了這些補助，她們才更能專注於比賽。越來越多運動員勇敢公開分享自己的故事，各大聯盟、運動機構和企業才開始正視這些議題。更多運動員開始考慮成為父母的可能性，也知道在未來重返訓練和比賽時，會有輔助資源可以使用。

不管是小威廉斯的產後身心變化，或是中學壘球選手對自己生理期的迷惑，女性運動員不時都得面對生殖健康的問題。這些生涯考量會受到政治的影響，令她們感到恐懼、羞愧以及有罪惡感，但又不得不在孤立與痛苦中做出決定。想要支持女性運動員，並改善她們的心理健康，那就必須從根本做起，一一解除各種限制與汙名，好讓她們真正享有身體的自主權。

第十三章

療癒運動生涯的創傷

參與運動競技所留下的創傷會影響一輩子，許多運動員最終不得不去面對。

第三章介紹過的游泳好手艾蜜莉還記得當年和隊友們坐在泳池邊聽教練訓話的情景。教練會大聲咆哮：「加油一點！你們還不夠努力！我可是拚死拚活才撐起這個球隊！」現在艾蜜莉才想起該怎麼應對。她會想像自己站在泳池邊，身上包著一大顆塑膠泡泡，而教練的話只會擊中這個保護罩，隨即反彈回去，然後她可以告訴自己：「他的憤怒跟我無關。」

離開泳訓隊後，艾蜜莉一直在尋求幫助，因為那段經歷仍在困擾著她。她依然記得，每天沒提前四十五分鐘到達游泳池的話，內心就會恐慌不已。有一天，教練毫不留情地在訓練中趕走幾個女選手，剝奪她們的參賽資格。她們哭著回到更衣室，但NCAA規定的轉隊時間也剛好截止。她還記得，年長的選手會在聚會上對新人灌酒，還會霸凌和威脅對方。她也被男隊員騷擾過，對方還有性侵的企圖。每次這些焦慮情緒一湧上心頭，她就會雙手合十，提醒自己保持冷靜。在心理師的幫助下，她學會閉上眼睛、喚回平靜，讓那些回憶變得不那麼沉重。她的呼吸變得更深，心跳也變慢。艾蜜莉能在心裡打造一個更美好、更安全的地方。她說：「我身旁有一片草地和一條小溪，那是個神奇的地方。我的大腦可以放慢下來，不再覺得自己正要崩潰。」

在療癒創傷的過程中，家人、朋友和心理治療師支持她、陪伴她，而且她還有信仰。她仍記得自己在家裡痛哭、向家人傾訴的情景。雖然她靠著游泳取得進入大學的門票，但這項運動後來卻帶給她巨大的壓力。幸好母親鼓勵她去找心理治療師，她也及早擺脫了那個不健康的訓練體系，並因此認知到那段日子的經歷與心情是真實且值得受重視的。許多運動員終其一生都未曾了解這些事，或至少要等到離開運動界後才會明白。艾蜜莉說：「教練的話語有很大的影響力。不知不覺中，你會開始妥協，因為他掌握著每個運動員的生殺大權。你之所以會聽從他的指導，是因為你也想成功。我的教練是合格的心理諮商師，他的辦公室還掛著證書。那時候我以為自己可以信任他。現在回頭看，他其實很清楚他如何傷害選手。但我還以為錯的是自己，是我有心理疾病。」

隨著時間過去，艾蜜莉漸漸了解，創傷有大有小。很多人跟她以前一樣，一提到「創傷」，就聯想到可怕的事件，例如被性侵、被毆打或是出車禍。她現在才明白創傷也有慢性的，也就是說，待在有毒的環境太久也會生病。正如我們在前幾章提到，有些創傷是源自單一事件，比如暴力事件或意外事故，有些創傷源自於長期的壓力，例如被排擠、霸凌、歧視或言語虐待。根據美國創傷後壓力症候群中心（National Center for Post-Traumatic Stress Disorder）的資料，超過一半的女性曾遇過創傷事件，[1] 而根據《歐洲創傷心理學期刊》（*European Journal of Psychotraumatology*）發表的研究，女性罹患創傷後壓力症候群的人數，是男性的兩到三倍。[2]

女性運動員多年來為了訓練、比賽而奉獻心力，但在那段期間卻無法理解自己所經歷到的一切，只有在事後回顧時，才看清楚所受到的不當對待，包括厭女、種族歧視、恐同和恐跨的言行。有一些教練把羞辱當成正常的管教方式，而運動員在離隊後才發現，自己已經習慣挑食或節食，或是不自覺地批評自己的外貌和身材。除此之外，如腦震盪這些運動傷害，也會引發難以察覺的慢性心理問題。她們得花許多年去治療這些身心創傷，並受怨懟、困惑、羞愧與憤怒等情緒的折磨。她們也需要重整失控的心理防禦機制。但不管在哪個時間點或哪個環境，只要踏上療癒的路，就一定會有幫助。

當然，這個過程會非常辛苦。女性在說出那些受苦的經歷後，還是不會得到社會的重視與援助。她們也很清楚，若想追究加害者或相關機構的責任，一定會被對方報復。加害者會否認犯行，甚至把角色對調，宣稱自己是被誣陷的，並反過來質疑受害者的可信度。這種結合了否認（Deny）、攻擊（Attack）與顛倒是非（Reverse Victim and Offender）的手法，心理學家簡稱為DARVO。難怪這麼多女性選擇保持沉默。一項研究指出，有百分之四十四的加害者會否認自己的惡行，並指控被害人有心理問題。根據德拉瓦大學「性別暴力研究與預防中心」的統計，在遭到起訴、逮捕甚至定罪的運動員與教練當中，仍有百分之七十五繼續參賽和執教。[3]

重新認識自己的情緒

就傳統的運動文化來看，運動員都應該要學會壓抑情緒，以成為聽話、好教、「可塑性高」的選手。在這種氛圍下，運動員就很難正視自己的痛苦經歷，或質疑他們所信任的人與體制。心理學家珍妮佛・弗雷（Jennifer Freyd）提出了著名的「背叛性創傷」（betrayal trauma）概念，其定義為：

> 當事人被自己深深依賴的對象或組織嚴重傷害，導致信任感喪失，個人福祉也受影響。[4]

訓練團隊、體育中心、大學和整個運動體系，就是運動員的世界。他在裡面找到歸屬感與人際關係，並磨練球技、爭取獎學金，並學著在壓力下做出好表現。因此，教練和校方的權力很大。為了與這些人和機構維繫關係，許多運動員會選擇「盲視背叛」(betrayal blindness)，也就是刻意忽視或否認自己受到的傷害，繼續參加訓練和比賽。有些運動員會為了獎學金而留在有毒的訓練環境裡，有些人是把這些不合理的訓練視為常態，直到事後才驚覺，那些都是不合適且傷人的做法。

莉比以前是頂尖的自行車選手，還到世界各地去比賽，從外人眼中看來，她的職業生涯非常完美，一邊投入自己熱愛的運動，又能欣賞外國的風光。她在社群媒體上貼出令人稱羨的照片，但沒人知道教練老是在責罵她們這些選手。莉比常被罵懶惰又慢吞吞。這支自行車隊的成員來自歐洲各國，而教練是一位粗魯的男性。他會對著選手怒吼，說對方的表現很丟臉。他還會公開評論女選手的身材和體型，如果達不到他的標準，就會說對方意志力太差。

多年來，莉比一直安慰自己說，這是文化差異造成的，是因為教練表達方式有問題，所以大家才以為他在罵人。教練罵得越兇，莉比就練得越拚命。她渴望透過訓練來麻痺自己，以減輕被責罵的痛苦。她決定引退並離開自行車隊後，還以為所有磨難就此結束。但幾年後她才逐漸意識到那些創傷有多嚴重。運動會引發她的創傷回憶，尤其是騎自行車，於是她把所有的單車都賣掉。以前帶給她快樂與目標的活動，反倒令她變得焦慮、恐慌。莉比也開始不信任他人，變得孤立疏離。她的心理治療師表示，莉比的狀況與和她過去的運動經歷有關，但她原本沒有察覺到這一點，只是因為情緒問題而去尋求協助。

我們也有許多患者是退役運動員，他們封存了自己的情感與經歷，直到在治療時被某件事觸發。為了在競技中保持冷靜，運動員必須跟自己的情緒保持距離，但當要改善心理健康時，這樣的距離就成了問題。運動時要避免情緒波動，但在生活中要多了解它們。因此，療癒的目標是學會感受情感的各種面貌，包括喜悅和心痛。這過程並不容易，因為同一件事總會帶給你矛盾的心情，參加高水準的競賽令你心懷感激，但隨之而來的傷害又令你心生怨恨。這兩種情緒都是真實的，也會同時出現。

莉比接受了「眼動減敏與歷程更新」（ＥＭＤＲ）治療。過程中，當事人會重新喚起並處理某個創傷記憶，以減輕它連帶產生的痛苦。治療師會請你回想當時的情境，同時專注於當下浮現的情緒與身體感受，並讓你的眼睛快速地左右移動，以模擬睡眠時的快速動眼期狀態，並喚起與創傷相關的情緒。隨著治療的進行，情緒的強度會逐漸降低，負面想法也會轉為正向的聯想。不過，在進行這類治療前，患者必須先練習面對自己的情緒，以及培養對自我的信任，而治療師也會先評估你是否已準備好了。我們也建議，讀者在尋求任何治療前，先與專業人員商討最適合的方法。

經過七個月的治療後，莉比的內心終於感到平靜。那些回憶不再引發她的恐懼、驚慌或焦慮，她也找回騎車的熱情。她在療癒過程中釐清「為了贏得比賽而騎車」與「騎車欣賞沿途風景」的差別。她也學會聆聽身體發出的訊號以及觀察創傷反應。以前她當選手時常常胃腸不舒服，現在才知道那是壓力造成的。現在，她不再逃避那些不適感，也更能夠與人談論、回想那些經歷，也不會再陷入情緒的漩渦裡了。

創傷後的常見反應

無論是哪種類型的創傷，當事人都會出現壓力、恐懼或憤怒等反應，也會不斷反覆思考那段經歷。創傷大多不是單一事件，而是長時間、日復一日累積下來的。有時一些突然出現的刺激，也會激發生理或情緒反應。辨認出這些觸發因素，我們就更懂得去應對。根據美國創傷後壓力症候群中心的資料，以下是幾種常見的創傷反應[5]：

- 對未來失去希望。
- 對他人感到疏離或漠不關心。
- 對聲音特別敏感，容易受到突然的噪音驚嚇。
- 時時刻刻處於警戒狀態。
- 反覆出現令人不安的夢境或回憶。
- 難以應付工作或學業。
- 刻意避開與創傷經歷有關的人事物。

生理反應則有：

- 腸胃不適、食欲不振。
- 感到疲倦而且有睡眠障礙。
- 心跳加快、呼吸急促、身體發抖。
- 盜汗。

- 頭痛，有時是在回想創傷經歷時引發的。
- 不想運動、飲食不健康、從事危險性行為或不做健康檢查。
- 依賴酒精或其他物質，暴飲暴食或滴水不沾。
- 忽略原本已有的健康問題，放任症狀惡化。

情緒反應則包括：

- 感到緊張、無助、恐懼或悲傷。
- 感到震驚、麻木，或無法感受到愛與喜悅。
- 易怒或容易暴怒。
- 責怪自己，或對自己有許多負面看法。
- 無法信任他人，常與人發生衝突或試圖掌控一切。
- 變得退縮，或有被排斥、被遺棄的感受。
- 變得疏離，不想與人建立親密關係。

艾美的療傷之路

我們在前面提到被男性運動員性侵和教練羞辱的長跑選手艾美。畢業後沒多久，她就發現自己無法繼續住在那座大學城，但那是她從小長大的家鄉，親人也都住在那裡。她曾向校方呈報自己遭遇的精神虐待，甚至向美國安全運動中心反映她和隊友們在訓練時的遭遇，包括飲食受控制，以及被羞辱、騷擾和霸凌。她在大一時遭到性侵，之後出現焦慮、憂鬱症況，也曾試圖自殺。這些心理創傷影響到她的運動表現，更達不到教練的期待。

她試圖表達內心的掙扎，但教練沒有表現出同理心，也沒有提供協助，反而說這些問題都是「她自己想出來的」，還指責她拖累了整個田徑隊。畢業後，艾美決定公開這些經歷，結果有數十位在校選手、校友與教職員出面證實她的說法，甚至補充了更多類似的案例。除了過度操練，教練也時常叫選手量體脂，指責他們吃太多了，導致他們飲食失調。儘管如此，那所大學在地方很有影響力，還是有人站在教練和校方那一邊，所以艾美得面對各方的質疑。

大學畢業後，艾美的飲食失調問題很嚴重，所以得設法搬到外地去住。「我想減低自己的存在感，否則在這裡老是被人注意，好像無處可躲，」艾美說：「不搬走的話，我連超市都去不了，因為會擔心遇到傷害我的人。」搬家之後她才發現，光是換個地方生活就能放鬆心情，同時她也繼續求助於談話治療和服用抗憂鬱藥物。在大學時期，教練一直告訴她，隊上沒有人願意和她當朋友，因為她有憂鬱症，所以她相信自己會孤獨一生。搬到新地方後，她才發現到這不是真的：

他們一直告訴我，沒有人願意和我相處，因為每個人都對我很失望。這些話一直在我心裡。在新城市交新朋友並不容易，但我慢慢發現，原來人們喜歡和我在一起，我也可以擁有健康的人際關係。

跑步曾是艾美生活的重心，但她現在仍不願意重新穿上球鞋。在大學比賽期間，教練和隊友的認同都取決於她的表現，在不合理的訓練下，她學會忽視自己的感覺，包括飢餓的訊號和受傷的不適感。她還不能掌握自己的健康狀況，所以決定暫時放下跑步。「我被教導不要相信自己，卻把所有的信任都放在這所學校、教練和身邊的人。我感覺自己遭到背叛了。」艾美說。

十年前，蘿倫也是這所學校的跑步選手，也接受同一個教練的指導，也同樣身心受創。最近她因為腳部骨折而無法運動，飲食失調也跟著復發了，只好去求助於治療師。四十多歲的她發現，身上許多問題都可追溯到在田徑隊訓練的時光。在二〇二三年五月的一次團體治療中，她談到當年教練所灌輸的觀念與做法，她仍然奉行。比方說，她還是不吃甜點、不喝有熱量的飲料，這兩樣東西是教練完全禁止的。她說：「他的聲音還依然在我腦海中迴盪：『妳這懶惰鬼、懶惰鬼、懶惰鬼！』」

心理治療是漫長的過程

許多女性運動員告訴我們，當時她們覺得這些折磨跟付出是正常的。她們默默接受這一切，只為了能上場比賽。情緒虐待是鼓勵、傷病自己想辦法處理、有訓練就要撐過去……這些都是合理的。為了提升表現，教練會不斷羞辱妳的身材，叫妳頻繁量體重和體脂檢測。大家都不覺得這有什麼問題，那一定就是正常的。不過，為何她們後來會對這些經歷有如此強烈的感受？

簡單來說，每個人處理創傷的時間點都不一樣。有些運動員很快就能意識到當下的狀況，但有些人需要更久的時間，還有一些人一輩子都無法去面對。當他自己準備好、選擇要面對時，那就是對的時刻。從心理健康的角度來看，做好準備，接下來的療癒過程才有效果。強迫是沒有用的，每個人可以面對的時間點也不一樣，所以要尊重每個人的療傷時間表與療癒方式。

你並不孤單，很多人離開運動場域時，是帶著困惑、沉重的心情，甚至還有羞愧感。媒體會去報導知名教練被開除的新聞，或是訓練團隊正在接受調查，但我們很少去關心遭受不當對待而人生遇到困難的運動員。好消息是，人類的意志力和恢復力都很強大。每個人都有求生的本能，因此無論有什麼挑戰，總會設法撐過去，有時還因此變得更堅強。

不過重要的是，這些創傷經歷不是「忘記」就能化解的，真正的療癒是從「記得」開始的。受創後的大腦會產生變化，掌管思考與情緒的大腦區域會消極怠工，而負責偵測恐懼的區域則會過度敏感。想讓大腦恢復健康狀態，我們就必須慢慢轉換這種反應。療癒是有效的，我們在治療工作中已看到很多成功案例。

從生理角度來看，即使原本的事件早已過去，創傷對身體的影響也會持續存在。大多人都有聽過「戰或逃」反應，也就是在壓力或恐懼情境下被觸發的求生本能。面臨危險時，身體會啟動交感神經系統，並開始一連串的反應：心跳加快、呼吸加速、血液流向大腦和肌肉。腎上腺素和皮質醇也會大量分泌。在危急時刻，我們靠著這些反應而生存下來。壓力解除後，副交感神經系統就會介入，讓身體慢慢回到穩定狀態。

問題在於，身體長期暴露在有毒或壓力環境中時，皮質醇會分泌過量，並出現焦慮、憂鬱、失眠、心血管疾病以及專注力下降等問題。除了「戰或逃」的反應外，人們對創傷還有另外兩種反應，我們在第六章曾經討論過：凍結與討好。前者是僵住靜止、不做反應，讓自己被忽略以逃過危險。而後者是則常見於虐待關係中，受害者會變得過度順從並努力取悅施暴者，藉此避免衝突或再次被傷害。

在治療開始時，我們會請運動員寫信或寫日記，藉此抒發內心的感受和疑問，以清楚理解自己的恐懼從何而來。這些情緒和想法一直壓在心裡的話，就會越來越沉重而難解。寫下來後，運動員就能釋放這些感受，進而開始探索。這個過程並不好受，恐懼和背叛的心情一被喚起，神經系統就會超載。長期以來，運動員早有一套辦法逃避這些感受，也許是靠著酒精或解離（與自己的想法或記憶脫節），或是分心去做別的事。但只有審視內心、讓情感浮現，我們才能真的認識它們並開始療癒。

我們知道，心理治療不是很容易取得的資源，而且光是踏出那一步，就會讓人感到壓力很大，但這對療癒創傷特別有幫助。治療師會提供一個充滿信任和支持感的空間，陪你一起康復。他能幫助你找出前進的方向，協助你克服障礙，並讓你慢慢察覺到，在談論創傷經驗時，神經系統會有什麼反應。心理治療是一段有挑戰性的歷程，患者要對自己負責，付出很多努力去反思，才會有所成長。有一位患者前幾次來看診時，常常有想逃跑的衝動，「我整個人快要陷入恐慌了」。在那種情況下，我們會一起練習安撫自己。運動員已經習慣忽略身體發出的訊號，所以更要學會傾聽自己、與自己的感受重新連結。這並不容易，但只要花時間練習，就能學會自我調節和面對壓力。

對運動員來說，找到合適的治療師非常重要，最好他能了解你們特有的創傷和生活方式。他人推薦的治療師不一定適合你，因為只有你自己才知道，他是否令你感到安心自在。如果不是的話就再找下一個。我們非常清楚，每個人適合的治療師並不同。你值得被療癒，但要找到合得來的嚮導，可能需要一些時間。請繼續努力，一定可以找到的。

夏拉是優秀的撐竿跳選手，曾代表西南部的名校參賽。在結束選手生涯多年後，她仍時常覺得自己的身材不夠好。這種想法其來有自。在大學生涯初期，她曾頂著應力性骨折撐完比賽，結果整個夏天都得穿護具、拄拐杖，更無法進行交叉訓練或體能活動。秋訓開始時，她的體重增加了五公斤，教練對此非常不滿，要求她每週都要量體重。後來教練每次和她談話時都會提到體脂率，還要求她記錄飲食內容，但她拒絕了，因為這會讓她非常焦慮。還有一位教練建議她用兒童餐盤吃飯，以減少份量。後來她開始接一些模特兒的工作時，介紹人還說「瘦一點會更有市場」。

夏拉花了好幾年時間的接受治療，才找到辦法來克服與飲食障礙和內疚感。她說：

內心的聲音真的很刻薄。但我不能再忽視它，而是設法去跟它交流，追溯它的根源。我還會提醒自己，我不再是「撐竿跳的夏拉」。我得了解現在的自己，還有未來想走的方向。我慢慢修正那個聲音，不再要求自己去維持運動員的狀態。

應對創傷的策略

治療創傷最有效的方法就是求助於合格的心理治療師，他會幫助你制定策略以改變思維模式。如果你的情緒問題很嚴重，已影響到人際關係、工作或日常生活，最好前去尋求幫助，無須再獨自面對。

療癒方式取決於個人的文化背景。有些運動員跟社群的連結較深，所以比較適合非正統的療癒方法。以前的人們也是透過原住民或薩滿教的儀式來療癒自己。有些人不需要接受創傷治療，而是能隨著時間自行恢復。以下是美國心理學會推薦的幾個應對策略[6]：

- 尋求支持。找出生活中可以信任的人，他願意和你談論你的經歷與感受。他支持你，能幫助你確認事情的經過以及隨之而來的困擾。

- 信任自己。無論是感到不安，或是發現心情、想法或行為有些微改變，都要相信自己的感受，而不需要找尋證據加以證明。
- 尊重自己的感受。運動員擅長壓抑痛苦，但要化解創傷，就必須正視曾經發生的事，並找到健康的方式來應對。逃避的方法很多，包括睡太久、自我封閉或是酗酒，但都無法讓你回到健康的狀態。與你親近的人談談，寫下你的心情。如果覺得自己需要幫助，就尋求治療師的幫助。
- 保持好奇心。對某些事件、想法或情境產生反應時，試著覺察當下的情緒，並問問自己為什麼會有這樣的感受。
- 好好照顧自己。多參與一些讓你感到平靜的活動，像是畫畫、聽音樂、冥想、散步或是在公園中活動一下。吃些對身體有益的食物，並享有高品質的睡眠。
- 制定療癒計畫。思考哪些事情有療癒效果，以及有誰可以支持你。和心理治療師或身心科醫師談談你的感受。透過一些活動或儀式和自己產生深層連結，例如親近大自然、畫畫或聆聽音樂等。

■慢慢來沒關係。情緒問題需要時間才能改善，過程也會充滿波折。有時你已在努力調適了，但那些症狀又突然復發。這是很正常的。人生中的每個階段，包括成長與生活上的轉折點，都會有不同的需求。

長期影響

這些事情發生在三十年前。她曾加入東南部的知名大學游泳隊、後來轉學到西南部的大學。事情的經過依然歷歷在目。布萊兒清楚記得，當時隊上有人濫用藥物，也有人老是被辱罵，甚至還有一堆「五花八門的鳥事」。她說：「如果你想進A組接力隊，就得跟教練上床。有些人選擇退隊，有些人硬撐下來，還有一些人像我一樣選擇轉學。」

隊上最瘋狂的儀式是「披薩催吐派對」。星期五晚上，女孩們會點一大堆披薩吃到撐，然後再一起去催吐。去外地比賽時，如果球隊經過連鎖餐廳，她們也會做一樣的事。每次在高強度訓練後，她們很餓，但又害怕被教練分到「胖子俱樂部」：只要體重超標，就得在練習後加跑體育場的階梯。布萊兒回憶說：「我們很想吃東西，但想到週六早上要量體重就食不下嚥。」

畢業後的三十年來，布萊兒完全無法靠近游泳池，甚至聞到漂白水的味道都會勾起她痛苦的回憶。直到她生小孩後才重新下水，把游泳當成全家的休閒活動，而不是被教練強迫的苦行。「走出這段創傷沒那麼容易。」布萊兒說。她找過不同的治療師，也試過催眠，但有時吃太多後仍會去催吐，或是節食好幾天。

「我到現在還是有很多飲食失調的症狀。」她坦言。在大學受訓期間，許多選手都習慣催吐和節食，校方和訓練團隊也都知道，卻沒有加以譴責，反而默許、甚至加以鼓勵。這種行為與思維模式深植在布萊兒的心中，而她為了擺脫這些影響付出了極大的努力。

運動員在退役後好幾年去尋求心理治療的話，都會感到很羞恥和丟臉。他們總認為，那些問題應該是過去式了，自己卻還在與那些不良習慣奮戰。但不論傷害是一週或三十年前造成的，都不會自動消失，我們只能學著用不同的方式與它共處。治癒聽起來像是遙不可及的幻想，但它是有可能達成的。只要理解觸發點與反應模式，就能慢慢打破那個不斷重複的循環。正如我們診所的諮商師妮可·史博羅（Nicole Spreadborough）所說：「你曾經發展出一些策略和防禦機制，以勉強忍受那些令人難過的情境，並保護內心受創的那個部分。」

布萊兒說，她主要是靠自我療癒來走過創傷，且盡量避免依賴藥物或酒精。幸好她發現自己並不孤單。她說：

最有幫助的其實是閱讀。不少經歷過創傷的人寫下了自己故事。我有時也會想寫，但最後又會打消念頭，因為那真的太黑暗了，整個思緒都會變得很負面。

在公開分享自己的故事後，艾美感受到與許多人的連結。十幾位以前的隊友都捎來訊息，提到十多年前被同一位教練虐待的過程。她也收到全美各地知名運動員的支持與關心。在眾人的同理與團結下，艾美的經歷總算獲得承認，但她也覺得難過又憤怒，因為有關單位還是沒有任何行動去保護運動員免受同樣的傷害。體育界寧願維護那些知名教練的聲譽，也不願正視他們的惡行以及其長期影響。她說：

這樣的例子真的太多了。許多人都參加過大學校隊，並遭遇過各種形式的虐待。有些單位有所改革，但大多數的學校還是維持常態。這一點我們都能深刻感受到。我以前常常想：「我要成為怎樣的人，才會有人在乎？我要達成什麼樣的成就，才會有人重視我的訴求？事情要多嚴重，才會有人正視？」

每個人經歷創傷的旅程都是獨特的，但讓我們難以前進的，是那些制度以及維護這些制度的機構。在訪談過程中，那些女性運動員都擔心自己會顯得軟弱或愛發牢騷，但要找回自我的力量，就要勇敢面對傷痛並試著療癒。雖然需要投入極大的心力，但我們能藉此擺脫過往、獲得安全感並重啟人生。

第十四章

告別選手生涯後的下一步

無論有沒有規劃、是不是自願，運動員總要告別運動生涯，這當中牽涉到複雜的情感，也教人悲傷不已。

許多運動員很小就熱愛運動，幾乎每個週末都在參加比賽、放學後總是在訓練、社交活動都和隊友在一起。不管是從幾歲開始踢足球、打籃球或是跑步，運動已成為我們生活的一部分。那不僅是休閒活動，也是我們身分的重要成分。在成長歲月中最關鍵的時期，運動為我們帶來友誼、規律、認同、社群、成就感和歸屬感等等。因此，運動生涯結束時，各種情緒便會紛至沓來，從解脫欣慰到悲傷難捨都有。

運動員的生涯終點常見於高中或大學畢業，而對於精英選手來說，通常是將近三十歲時。無論結束的時間點為何，也無論是哪個層級的運動員，多年來的作息與習慣消失時，都要花費一番心力才能適應。

有些選手沒能如願擁有童話般的結局，退役時會更加難受。他們沒有拿下州冠軍、奧運金牌或任何榮耀，而是在最後一場比賽中落敗，或被球隊踢出名單，或是因傷引退。梅姬是科羅拉多州的九一一調度員，已為人母的她，仍清楚記得自己退出賽場時的坎坷經歷。她從五歲開始踢足球，很快就被教練發現天賦，在青少年階段就脫穎而出，參加過俱樂部球隊、巡迴聯賽和半職業球隊。梅姬以取得ＮＣＡＡ第一級學校的獎學金為目標，也如願進入一所屬於十大聯盟的大學校隊。

不過，ＮＣＡＡ球員的生活和她原先想像的有很大落差。在大一季前訓練時，梅姬因內側副韌帶（ＭＣＬ）撕裂而成為傷兵，而這些傷勢與訓練強度過高有關。原本她需要休養十二週，但教練卻在球季的最後兩場比賽要她脫下傷病紅衫上場，所以她那年就有出賽紀錄，而原本可展延一年的參賽資格馬上被註銷。

儘管如此，梅姬對於翌年重返賽場仍充滿信心。她覺得自己處於最佳體能狀態，能為球隊貢獻強大的戰力。然而，暑假時新教練上任後，她和幾位球員的先發位置被新秀所取代。梅姬便想，如果沒有上場機會，那麼為什麼還要待在離家那麼遠的地方。於是她搬回家鄉附近，並轉學到剛成立球隊不久的學校。「彷彿回到了業餘的足球社團，所以我最終還是離開了，」梅姬說：「前六個月我覺得很好，沒人對我大喊大叫，我可以隨心所欲做任何事。但接著我就迷失了，我原本上大學只是為了踢足球，但現在通往職業球員的道路斷了。」

隨著足球生涯的結束，梅姬感到很失落。雖然她順利拿到學位，但接下來五年她談了一段很不健康的戀愛。她想要找到方法來重現足球給她的腎上腺素激增感。她參加了社區聯盟的男女混合聯賽，但刺激感還是不夠。她說：「我還是把自己當作運動員，但現實是殘酷的，因為我不再是當年的自己。」

直到有一天，梅姬的父親發來電子郵件，告訴她消防隊要招募九一一調度員，她才找到了繼續前行的動力。考取後，她就決心要成為最優秀的調度員，讓所有消防員都能安心工作。她將自己在球場上的衝勁帶入工作中，並很快晉升到主管的職位。梅姬也因工作認識了她的警察丈夫，並育有三個孩子。梅姬說：

> 我在二〇一六年生下女兒，整個世界因此轉變。這個小生命依賴我，那是一種真正的忠誠和愛。做父母讓我變得更溫柔。我這輩子一直是強悍的足球員。我在球場上拚勁十足、全身老是髒兮兮。那就是我：強硬、堅韌，從不流淚。

回首過去，梅姬希望在離開球壇時能有機會與心理治療師談談，以清楚了解自己將面對的挑戰。她說：「那些資訊應該很珍貴。若能學會如何面對，以及接下來會有的心情和歷程，我應該就不會那麼失落。然而當時我只是用新的痛苦取代舊的痛苦而已。」

梅姬的經歷並不是個案。我們與各領域的女性運動員對談後發現，大多數人都感到很意外，原來在離開運動界後會湧現許多強烈的情緒。她們在追求目標時全神貫注，從未真的規劃過退役後的人生該怎麼走。除此之外，她們也對對自己的外貌感到不安，因為沒有規律的訓練後，體態與體能都會改變。她們不知道何謂「為了健康」而運動；少了競技目標、訓練行程和團隊行動，她們不曉得該從哪開始生活。腦內啡不再定時釋放，不少人因而經歷了前所未有的情緒波動。

對於大多數運動員來說，退役並不是簡單掛起鞋子就好，即使是小威廉斯也不例外。二〇二二年，她在為Vogue雜誌撰寫的文章中宣布即將退休。她想再生一個孩子，所以必須在四十歲時結束網球生涯，但她也坦承自己心情很矛盾。她寫道：

說實話，這個話題令我高興不起來。多數運動員不會這麼說，但我感到非常痛苦。這是我人生最艱難的決定。我討厭這樣，但卻也必須來到這個十字路口。我不斷做好心理準備，希望這過程可以輕鬆點，但事實上並非如此。我很糾結，我不想讓這一切結束，但同時，我也準備好迎接未來的一切。

二〇二三年八月二十二日，小威廉斯宣布她的第二個孩子出生。1

退役後的轉型之道

有些運動員在結束最後一場比賽後，會覺得鬆了一大口氣，並對未來感到很興奮。但大部分的選手會感到失落、悲傷和困惑。記住，人生階段的過渡期有時很漫長，給自己一些寬容，並嘗試以下策略：

- 不要壓抑自己的悲傷和矛盾心情。這段時間你會有許多複雜的感受，生活方式也要調整。所以花些時間好好沉澱一下。
- 維持規律的作息，包括充足的睡眠、營養的飲食和身體活動，這有助於穩定情緒、減輕壓力，而不會像無頭蒼蠅一樣。

- 練習傾聽身體的訊息，冥想時，留意身體有無疼痛、緊繃或異常的地方。加強與自己的身體和情感的連結。
- 與準備退役或已退役的前隊友談心，分享彼此的喜悅和悲傷，你就能意識到自己並不孤單。無論你現在有什麼感受，其他人也會有相似的經歷。
- 擔任青少年訓練營的教練，將專業知識傳授給下一代，並保持與這項運動的連結。
- 加入運動社團，嘗試不同的活動，例如跑步、騎自行車、攀岩或網球等。嘗試從未做過的事情，有助於擴展社交圈。
- 若持續感到悲傷或出現憂鬱症狀，請求助於心理健康專業人士。

從球隊到教練的身分轉換

小威廉斯接著寫道，在職業生涯結束前，她唯一能談心的人是她的治療師。她決定不使用「退休」這個詞，而是改用「進化」（evolve），希望大家「發現一個截然不同但同樣激動人心的小威廉斯」。對她來說，引退是個不能觸碰的話題，就連她的丈夫也沒辦法跟她聊，因為她會難過到不能自己。

運動生涯結束時，就算你不像小威廉斯那樣享有「史上最偉大球員」的稱號，也會感受到類似的悲傷。一份二〇二〇年的綜合分析研究顯示，三分之一的人在退休後會感覺自己有心理健康問題。[2]雖然運動員的退休情境與一般人不同（年紀較輕，可繼續升學或轉換跑道），但同樣要面對身分喪失的難題。如果我不再是網球選手、體操選手或游泳選手，那我還能成為誰？運動員的價值是根據具體結果來衡量的，比如勝負、得分、打擊率、完賽時間等。這些事情都是可以測量的，但如何在沒有外部認可的情況下學會接納自己，就是運動員退役後的新課題。

美國精神醫學會表示，運動員可靠著一些預防性措施順利度過生涯轉換期，比方生涯規劃課程、心理諮商、支持團體以及職業培訓等。當然，培養運動以外的廣泛興趣也同樣重要；在休賽季期間，運動員可參加實習課程或出國遊學等。西部某所大學便會安排運動員在寒暑假期間去海外服務或擔任國際志工。校方也會協助運動員尋找實習工作，並幫助他們協調訓練、出賽與工作的時間。各大學院校若能投入充足的人力與資源，運動員就得以善用念大學帶來的一切機會，好好培養技能、累積經驗。

黎安曾是某所大學的足球選手，在選擇就讀的科系時，她早早就把心理健康納入考量。身為實力出眾的球員，她參加過多個高強度的頂尖俱樂部與訓練營，原本也曾夢想進入常春藤盟校或ＮＣＡＡ第一級的學校。但在高中期間經歷了一連串事件後，她的優先順序開始改變。她當時和麥蒂森・霍勒蘭（Madison Holleran）是同一支青少年球隊的成員。麥蒂森是田徑選手，後來在就讀賓州大學的第二個學期自殺身亡，她的故事被記錄在凱特・費根（Kate Fagan）撰寫的暢銷書《麥蒂為何而跑：一個典型青少年的私密掙扎與死亡悲劇》中。

這起悲劇對黎安是當頭棒喝，因為她在麥蒂森身上看到太多自己的特質，例如完美主義，事事都想做到最好。不久之後，在寄宿學校就讀期間，黎安開始在課業上感到吃力，早上很難起床，也出現一些社交焦慮。當時醫師還不確定這些變化是出於青春期的荷爾蒙波動，或運動造成的腦震盪，或真的是焦慮症狀。醫師最後建議她服用抗焦慮藥物，而的確奏效了。

黎安很想繼續踢足球，但也希望探索其他興趣，因此她選擇就讀ＮＣＡＡ第三級的大學。可惜的是，那支球隊的教練會在言語和情緒上霸凌選手，黎安與隊友還向校方投訴，指控該教練的種族、性別與階級歧視。不過，這些投訴最後都遭到駁回。在赴澳洲參加學術交流期間，黎安被球隊開除了，她認為這是一種報復行為。「球隊非常殘忍，」黎安說：「我打電話給媽媽時，邊講邊哭。我感到困惑又憤怒，那是我人生中最痛苦的一刻。」媽媽鼓勵她去找諮商師聊聊。黎安回憶道：

諮商師告訴我，從這三年來的會談筆記來看，我每次都在談這位教練的壓迫和羞辱。但從她的專業判斷來看，這次我終於擺脫了這段有毒的虐待關係。那一刻我才真正意識到事情的嚴重性。

回到校園後，黎安開始思考，在接下來的大學時光中，還有什麼事情能得到像踢足球一樣的專注與滿足感。大二那年，女子袋棍球隊因為人手不足而來招募她。雖然她對這項運動不熟，這是個難得的機會，她得以跟隨一位備受尊敬的女教練。這位教練的誠信做風也成了她的榜樣。黎安發現，自己也想走上教練這條路。大學最後一年，她加入了校外的橄欖球隊，也遇見了一位令人敬重的男教練，他也成了她的人生導師。現在，黎安是一名高中英文老師，也擔任女子袋棍球隊的教練。她說：

和不同的教練合作後我才明白。只要建立有安全感的團隊文化，重視、支持、愛護每個隊員，讓她們有充分的歸屬感，勝利自然會隨之而來。

我對選手們很嚴格。我會要求她們承擔責任，推動她們成長，但這都是出自愛與信任。我們已經贏了兩次冠軍，但她們知道，就算輸了，我也不會因此看輕她們。

運動員的強項

我們熱愛運動，因為從中可以學到很多東西，這些知識與技能可以應用在生活各個層面。所以雇主們特別喜歡雇用有運動背景的人。就算你現在還不確定未來要選什麼職業，光是參與運動，就已經為成功打下基礎，因為你已經具備以下這些能力：

- 主動設立目標：為了得到渴望的成果，你會保持專注的精神。
- 全力去拚：身為運動員，你知道動力與自律非常重要。
- 領導能力：在團隊中，每個人都有責任維持整體的紀律與表現。
- 培養合作精神：與各種各樣的人同心協力、實現目標。
- 虛心接受：從小到大，你都會根據教練的建議不斷調整自己。

- 保持動力：不管輸贏，你都會繼續向前、不輕言放棄。
- 管理時間：你修滿學分、完成訓練，還要安排時間吃飯、睡覺、寫作業，生活非常有規律。
- 能扛住壓力：無論是發表簡報還是提案，或是工作期限快到，你都能應對自如。因為你有辦法在關鍵時刻集中注意力、全力衝刺並發揮平常的實力。

學會放鬆和放慢腳步

不是每個人都能像黎安那樣，在被球隊剔除的當晚就立刻尋求協助。在矛盾與複雜的心情中，大多數的運動員都會猶豫不已，無法主動找人幫忙。他們一輩子都在學習要「挺住」、「撐過去」，所以不知道要換個方式去面對。但離開運動場域是個契機，他們得以重新覺察長期以來已習慣忽略的情緒與身體警訊。他們已習慣於「暖身」、「準備上場」，而不是先冷靜下來。身體需要恢復期，早上醒來時若發現心跳偏快，那就該放慢腳步，讓副交感神經狀態發揮作用。但這種調整對多數運動員來說是違反直覺，他們總是想要撐下去，而不是放慢腳步、給自己時間重新校準。

運動生涯結束時，選手們都會很難過，有些人因此覺得很難為情。許多女性運動員都說，她們很慶幸自己曾在場上取得好成績、擁有好朋友和家人的支持，並享有豐富的教育資源。她們說，這個世界上有太多人在受苦，離開體壇並不是什麼大事。我們會提醒她們，當年受訓時承受的痛苦、悲傷和壓力，其實也需要釋放出來。

琳賽・里希特（Lindsey Richter）以前是山地自行車選手，她一生經歷了好幾次運動生涯的轉變，最終也找到了自己的使命：讓更多女性加入這項運動。琳賽從小就開始接觸各項運動，包括馬術、足球、籃球和棒球。她一直很喜歡團隊生活，也享受訓練時身心合一的感覺。但上大學後，她不再參與任何運動，反而想全心投入課業和社交生活。很快她就發現，沒有訓練和比賽的行事曆後，她不知道該怎麼生活。

正如許多退役的選手一樣，她不知道該如何只為了「健康」而運動。她還嘗試了各種不同的活動，像是階梯有氧，但沒有一項能堅持下去。後來琳賽陷入憂鬱並有飲食失調的問題。她說：

> 沒有訓練課表後，要回歸到一般生活很不容易。沒有成績、沒有即時的成就感、也

沒有人為你歡呼，運動員的自我認同很容易就會瓦解。

琳賽在二十四歲那年開始參與山地自行車競賽。她不僅更努力地保養身體，也從那個社群中得到救贖。她說：「在越野賽道上奔馳非常療癒……是我的心理治療方式。」她也在談話治療中更了解自己，並學會用運動來強化自我認同、挖掘潛能。因為這樣的信念，她創立了非營利組織 Ladies AllRide，專門教女性騎乘山地自行車，讓生活變得更精彩。

琳賽說，這項運動拯救了她，所以她也建議運動員在退役後可以嘗試其他運動，以排解情緒和精力，並建立新的社交圈。她說：

憑著成長型心態去嘗試新東西，去找回初學者的樂趣。程度好的運動員有時會不小心孤立自己，不妨多找一些能一起輕鬆打球或跑步的夥伴。

記得，運動是生活的一部分，不代表真正的你。在運動過程中，應該持續追求成長，努力成為完整的人。你的興趣、人生計畫和友誼跟運動表現無關。秉持這樣的態度，你才能保持身心健康、維持高水平的表現。

結語

改變的契機

該如何改善女性的運動環境？首先，聆聽她們的聲音。

足球明星艾比・沃姆巴赫說過：「我人生最深刻的體悟是，遇到令人心碎的事情時，要勇敢面對它。」

這句話出現在HBO製播的天使城女足俱樂部紀錄片中。這支球隊在二〇二二年開始出賽，是美國女子足球聯賽的擴編球隊。這支球隊的創辦人是好萊塢巨星娜塔莉・波曼、企業家朱莉・烏爾曼（Julie Uhrman）和創業投資家卡拉・諾特曼（Kara Nortman），股東也大多是女性的好萊塢和體壇名人。

一份炮火猛烈的報導指出，女性足球選手長期以來被體制嚴重剝削，足球界也有種族歧視的問題。因此，艾比想徹底改變女性的運動環境和文化，以及更換更有想法的管理者和投資人，並給予運動員更多的權益和自主權。

她相信這些改變是有可能的，於是她成為天使城的投資者。她說：「體壇中有無數悲傷的故事。聽完了之後，我還會思考自己能做什麼來改變現況，也會想像不同的願景。」

天使城女足俱樂部的創立理念是：徹底改革女性運動環境。她們要創造出能賺錢、有魅力的球隊，球員、教練和員工都會為了高標準而努力。球團會深切重視運動員的權益、球迷的期待以及地方的發展。達成這些使命後，整個聯盟的水平就會跟著提升。

天使城的管理團隊先設立了球團的行為準則和申訴機制，因為女足聯盟多年來居然沒有這些基本的保障措施。運動員被迫在可怕的環境中比賽，並默默忍受他人的言行虐待。除了薪資合理，天使城的球員還能從票房中分紅。第一位加入的球員是克莉絲汀・普雷斯（Christen Press），她簽了一份為期三年的合約，總額為七十萬美元。過去還有球員領過五千美元的年薪，聯盟後來才設下每年三萬五千美元的最低門檻。天使城俱樂部還設立獎助金，以資助準備轉型為教練、裁判、報導者或聯盟工作人員的退役球員。

雖然天使城的成績還有進步空間，但經營團隊始終堅守對球員和球迷的承諾與核心價值。因此，在第一個球季中，他們平均每場賣出一萬九千張門票，成功爭取到三千五百萬美元的贊助（其中一百萬美元用來回饋地方上致力於教育、食安和性別平權的非營利組織），球隊的市值也突破一億美元，是其他隊伍的兩倍，也是聯盟中最高的。她們證明了一件事，懷抱明確的使命感、改善女性運動員的工作環境，還是可以賺錢的。

雖然這些發展有賴於幾位名人股東的雄厚財力和熱情，但天使城的經營模式卻可以應用到其他運動項目。也就是說，女性運動是值得投資、能獲利的領域，而不是附屬於男性運動或次等的項目。給予女性運動員全方位的關懷與支持，她們在場上就會有最好的表現，生活也會過得更健康。我們不否認資金的重要性，但這背後的理念才是關鍵。

改變並不難，從尊重開始

我們在艾蜜莉的故事中看到了希望。這位東南聯盟的游泳選手在訓練中備受折磨，也因而住院接受治療。在康復過程中，她以為自己再也無法參賽，也不確定是否能完成大學學業。隨著時間推移，她意識到自己不能用那段經歷來定義自己，也不想結束自己的大學生涯。最終，她選擇轉學到規模較小的學校，而那邊的游泳隊教練都支持她想法：用快樂的心情參加比賽。

新教練們每週會發問卷，詢問每位運動員本週的課業負擔以及課外活動，也會請他們回報身體的感受以及應對訓練的策略。教練們閱讀後，就會用一對一談話的方式幫助有困難的選手。這做法並不複雜，但非常有效。教練能以此開啟對話、建立信任感並消除運動員的恐懼，讓他們更勇於談論心理問題，進而改善場上的表現。

教練們始終如一地追蹤情況，選手們也感受到自己獲得重視。「我七歲時就愛上游泳，而今再次找回對這項運動的熱情，」艾蜜莉說：「我對這些新教練充滿敬意，因為他們也非常尊重我。我覺得自己被看見、被聽見。」

阿傑目前在一個半職業的國際聯賽打籃球，而球隊上下都認同她的中性傾向，那對阿傑的意義非常重大，她也因此找回打球的熱情。如今阿傑也以過來人的身分幫助青少年。阿傑說：「WNBA球員萊西亞・克拉倫登是我人生中的燈塔。她願意袒露真實的自我，為自己發聲。我因此得到鼓勵，也想替自己爭取權益。」

德州大學的凱是越野田徑選手，她也是該校「隱形對手」（Hidden Opponent）分會的會長，這是一個全國性非營利組織，致力於在學生運動員中推廣心理健康議題，並消除運動文化中的汙名化標籤。她曾為組織製作了五部網路短片。她在高二時心情墜入低谷，有次去逛商場時注意到一個運動品牌的廣告海報，上頭寫著「不惜一切代價」（Win at All Costs）。而後來她製作的影片便以這個標語為反思的出發點，以顯示體育界普遍將勝利置於運動員的生命之上。凱說：「我們已經忘記了，運動的核心不在於追求完美，而是利用不完美的身體，做出非凡的成就。」

在採訪過程中，女性運動員們總反覆提到，她們只是渴望得到尊重、信任並被聆聽。女性運動基金會在研究結論中也提到，引導女性運動員的原則很簡單：

不用太過溫柔，保持友善就好。不要將女生當作小朋友，也不要低估她們的能力。她們都是強大、有能力的個體。

然而，要做到這一點，有關單位就要為教練制定清楚的責任範圍，並提供充分的培訓資源。以往教練都要身兼隊醫、治療師、營養師，又要帶訓練和制定戰術，現在他們不用再繼續扮演這種萬能的保母。記住，教練無法為運動員提供全方位的支持，他們也有許多不擅長的項目。他們因無知或沒有向外求助而犯錯時，受害的就是運動員。

此外，我們需要更完善教練考核的制度，好讓他們負起應有的責任。這套制度包括專業認證、專長進修以及管理上的績效評估。這麼一來，我們才能淘汰那些恐嚇選手、戰績至上、忽視運動員福祉的不合適教練。運動員不只是選手，在場外也值得享有精彩的人生。

在進行焦點團體訪談的過程中，我們常問與會的運動員：「如果運動界能改變某個面向，讓選手的運動生涯更安穩，妳會希望有什麼改變？」我們得到的答案有：

• 對心理健康議題不再有偏見。
• 真正關心選手的權利。
• 不要只關心如何提升運動員的表現，而是照顧我們身心全面的需求。
• 尊重女性運動員的意見與體驗。
• 更多人看見、肯定與讚揚我們的故事。

這些答案背後的精神，我們也已透過書中的人物訪談呈現出來。至今，女性運動員的需求仍沒有受到重視。她們並不是希望訓練變得輕鬆，也不是要減低競賽的壓力，更不是想要低強度或低標準的運動生涯。她們渴望展現實力、挑戰身體極限、為勝利全力以赴。但前提是，這整個體制尊重她們才華，看見、理解和支持她們的價值和需求，而不只有看重輸贏。這樣的要求，真的會太過分嗎？

女性運動員想要上場參與競賽的話，所承受的壓力比一般人所看到的還多更多。除了上場機會和表現，她們還得煩惱運動服是否太貼身、生理期來了沒有、觀眾夠不夠多、自己看起來是否有女人味（或者太有女人味）。她們得不斷承受外界對自己身體的批評，還得面對性別或種族歧視。從踏入運動場的那一刻起，她們就背負了沉重的心理負擔，心理健康也深深受到影響。

我們應該設法減輕這些擔憂，讓運動員專注於場上的表現。比方說，為女性運動員設計舒適的運動服，並在廁所裡放置生理用品專用的垃圾桶。打造一個包容各種體型和性別友善的運動環境；不偏重男性賽事，而是以平等的資源來宣傳女性賽事。從運動界開始做起，我們就能創造尊重所有族群的世界。

五十多年來，女性運動員一直活在陰影中，得在為男性所打造的運動體制中求發展。幸好情況已經改善很多。持續傾聽她們的聲音與需求，不斷改造運動環境，接下來的五十年，一定會有更令人感到振奮的變化。心理健康是個複雜的課題，需要時間、金錢與努力才能看到成果，而尊重女性運動員的體驗，就是邁向改變的第一步。就像娜塔莉·波曼在紀錄片中所說的：「這沒有現成的劇本，我們得自己寫出來。」

我們非常榮幸能透過這本書展開行動。這些女性向我們分享她們的故事和經歷，希望能為未來的世代帶來改變。當中有許多痛苦的個人回憶，但即使她們遍體鱗傷，也能深刻感受到她們對運動的熱愛。運動的魔力存在於我們每個人心中，即使早已離開賽場，那份感動仍未消失。她們願意重新面對人生中最黑暗的時刻，是因為她們依然相信，透過運動，每個人都能認識自己、突破極限並與他人建立深刻的連結。

記住艾比的建議，勇敢走向那些令你心碎的過往，因為在那之中，我們會找到希望，還有重啟人生的出發點。

後記

凱蒂的話

二〇二三年冬天，我們開始全心投入這本書的寫作。每天，我們都與來自全美各地、不同年齡、各種運動項目與背景的運動員對話。每天，我們都聽見這些令人心碎的故事。

那段時間，我曾和我先生亞當一起到巴奇勒山（Bachelor）滑雪，我的情緒非常低落。他感覺得出來，我那幾天狀況不太對，好像在承受某種沉重的情緒。他溫柔地問我怎麼了，就在那一刻，我忍不住淚流而下，嘴裡說出的第一句話是：「這些故事真的太讓人難過了。」

身為臨床工作者，我的工作就是每天聽令人難過的故事，但我從沒在諮商過程中哭過。我真心關懷每一位與談者，但這次的感受不同。我自己以前也是運動員，所以在每一位女性運動員的身上，我都看見了自己的影子。在開始這個計畫前，我還相信大環境應該有所改善了，但每天記錄下悲慘故事越來越多，這份樂觀便漸漸消失了。

離開ＮＣＡＡ十年後，我走進治療師的診間，才得知我已出現急性的創傷反應。我的身體一直擺脫不掉受訓時所經歷的一切。我想起接到薩拉查和布朗醫生的電話，要我去抽血、服用新的甲狀腺藥物等。聽到治療師的診斷後，我忍不住嗤之以鼻，但事實是，我確實花了很久的時間才準備好面對這一切。這些年來，我把重心放在照顧家庭上，三個孩子也都健康茁壯，我終於能騰出足夠的心理空間，讓那些壓抑已久的情緒傾瀉而出。

之後，我開始全力挖掘資料。二〇二一年秋天，我從各處調來的醫療紀錄攤開在客廳地板上，試圖拼湊出運動生涯的時間軸，並試著找出我所忽略的細節。我仔細讀著上面的每一個字，不但找醫師討論，還飛到亞利桑那去拜訪以前的教練瑪妮，想弄清楚為何在我進入奧勒岡大學後她就突然離開。治療師說，大腦不喜歡記憶有殘缺，所以我和每一個相關的人談話，以填補失落的片斷。我的身體早已啟動保護機制，而生存策略是解離，所以我對NCAA時期的記憶很模糊。直到現在，只要有人得知我曾是奧勒岡大學田徑隊的一員，就會很好奇地問起那段經歷。而我只能回答：「那段日子過得很辛苦。」對話總是瞬間中止，我也鬆了一口氣。

後來我開始接受「眼動減敏與歷程更新」療法。有一次，我談到當年有多麼孤單，還把所有問題都歸咎到自己身上。於是治療師拿出一根棍子，要我跟她一起握著。結果我緊緊抓住它，彷彿要搶走一樣。這個瞬間的舉動證明了，我總是想自己承擔一切。

療癒不是以線性發展，我們也無法為自己的人生安排童話般的結局。我好幾次以為自己已走到了人生的巔峰，結果發現那只是假的至高點。有時我以為自己度過最艱難的部分，但布朗醫生又說要調整甲狀腺藥物的劑量，而我就是沒辦法逼自己多吃半顆藥。沒有人可以完全重啟人生，因為創傷一直都在，只是藏得很深，並與生活的許多面向緊密相連。

我父親在二〇二〇年過世，那時我陷入了深沉的悲傷中。他有早發性阿茲海默症，在經歷了漫長的療程後，最終離開人世。在那份哀痛中，我想起了自己人生的失落與療癒過程。我的世界從內而外徹底被撕裂，並成為這本書誕生的催化劑。這是我人生中最具挑戰的任務，但我的情緒也得到釋放。生命總有它的安排，我們會在適當的時機去完成自己的功課。你所有的人生經歷總會以某種方式相互連結。

我深信我們能創造有意義的改變，所以才開始寫這本書。我們應該去捍衛運動的價值。每位受訪的運動員儘管背負創傷，內心仍然非常熱愛運動。希望各級聯盟、球隊的管理階層都能意識到，體系內所發生的一切會影響選手許多年，哪怕離開賽場後也會持續下去。我們也請教練暫停一下腳步，重新思考自己該如何引導選手，不再拿「一直以來都是這樣」當藉口，教練也該跨出舒適圈、尋求成長。

我相信，有心推動改變的女性最有力量。許多人幫助我們深入了解女性運動員的真實經驗。每次通話結束時，她們都會說一句：「謝謝妳。」她們珍惜這個相聚的機會，也感謝有人重視、理解自己的想法。最重要的是，她們很高興能加入這場運動。她們投入時間參與深入的討論，希望能為下一代創造更好的環境。她們每個人都是時代的推手。

我們真心希望，這本書再過十年就沒有存在的必要了。到那個時候，女性運動員會在更進步、更平等、更包容的運動環境中茁壯成長，展現堅毅、韌性與活力，並發揮其獨特的天賦。希望書中這些不容易說出口的故事，最終能帶來真正的改變。

運動員權利倡議

身為運動員，你擁有以下權利：

一、受到教練、工作人員、隊友、觀眾與球迷的尊重，得到有尊嚴的對待。

二、在安全的環境中訓練與比賽，不受教練、工作人員或隊友的剝削、虐待、霸凌、羞辱、侵犯、騷擾或威脅。

三、無論你的身分認同為何，都有權利參與比賽，且認同不受影響。

四、被視為完整的人，在賽場外可以有其他的身分、興趣和關懷。

五、有權享有便利的心理健康資源，正如身體有傷病時可以馬上就醫。至於要不要接受心理治療或其他協助，你有權表達意見。

六、球隊的規範與事務流程應該清楚透明，以確保你能得到公平、公正的對待，在檢舉違反規範和不當的行為時，不用擔心會被報復。

七、在生病、受傷或遭遇其他變故時，獲得包容與支持。

八、擁有充足的時間滿足生理需求，包括飲食、睡眠與恢復身體。

九、享有隱私權，若有心理健康上的需求，不必擔心教練或工作人員洩露你的個人資訊。

十、獲得受團隊認可、具專業資格、有同理心的教練指導；他願意聆聽你的意見並納入考量。

致謝

擁有這麼長一串感謝名單，我們實在太幸運了。感謝他們付出了無可計量的心力。不管是接起電話、在清晨回覆訊息，還是分享想法，沒有你們的愛，本書絕對無法成為今天的模樣。

謝謝蘇珊．卡納文（Susan Canavan）以及Waxman出版經紀公司。你們在這個計畫還沒成形前就選擇相信我們。你們願意與兩位治療師一起冒險，成為我們最堅定的明燈與擁護者。這份勇氣與支持，我們由衷感激。

謝謝艾琳．斯特勞特，妳在文字上的敏銳與天分實屬恩賜。妳是文字的魔法師，又宛如聖人，願意和兩個治療師合作。雖然我們重視過程勝於結果，也還在努力學習寫作的技巧。能和妳共事，是一生難得的美事。我們對妳的敬佩與日俱增。妳用自己的方式成為女性權益的擁護者，而這本書正需要妳的力量。

感謝我們的編輯塔莉亞．克羅恩（Talia Krohn）、瑪莉莎．維希蘭特（Marisa Vigilante），以及Little, Brown Spark團隊，謝謝你們的引導、專業與智慧。從第一次見面開始，我們便確實感受到你們對這個議題的熱情與共鳴。

謝謝Roslan and Associates公關公司的克里斯．羅斯蘭（Chris Roslan），感謝你始終如一地為運動員的心理健康發聲。你那毫不遲疑的支持，讓我們的使命提升到更高的層次。

感謝非營利組織「隱形對手」，在你們的慷慨協助下，我們很快就接觸到一群極具影響力的運動員，並組成理想的焦點訪談團體。你們確實在改善運動員的心理健康，也在改變世界。

還有，獻給我們自己的孩子，希望這本書能為你們創造更好的運動環境。謝謝你們的提醒：無論在什麼情況下，都要活得快樂，保持幽默與玩心。看到你們忠於自己，我們感到無比驕傲。不論你們未來走上什麼樣的道路，一定都會對世界有所助益。我們會永遠站在你們身後，為你們加油、發聲。

真心感謝摯愛的親友們，在我們摸索這個完全陌生的寫作世界時，一路陪伴與支持。敬你們一杯，為了你們無條件的支持，以及對夢想的堅持。你們能出現在我們生命中，我們無比感激。

我們有幸與一群了不起的人共事，並獲得悉心的滋養。能與你們一同學習，在專業、學術與臨床上一同成長，是生命的厚禮。你們以無盡的同理心照顧運動員和大學生，令我們非常感動。

也謝謝這些年來我們有機會接觸的學生與個案，能與你們合作是莫大的榮幸。

最後，我們要說明，本書是集體協作的成果。對於每一位願意分享時間與經驗的受訪者，光說「謝謝」遠遠不夠。由衷感謝你們的信任，我們也會成為你們故事的守護者。感謝你們敞開內心，分享最真實、最脆弱的一面。我們永遠敬佩你們。

3. To Write Love on Her Arms, *Twloha.com*
這個非營利團體致力於協助憂鬱、成癮、有自傷與自殺念頭的患者，除了支持和資訊，也投入治療和復原相關工作。

提升女性運動員的權益

1. &Mother, *Andmother.org*
打造更健康而繁榮的社會，每個人都因女性與母親的付出而受益；在職場中提升母職的價值，並讓她們在懷孕、生子的同時後還能在各個領域獲得發展。
2. Play It Forward Sport, *Playitforwardsport.org*
透過許多女性運動員的故事來推動性別平等，並幫助她們發揮天賦，引導她們勇於追求夢想。
3. 塔克女性運動研究中心（Tucker Center for Girls and Women in Sports, *Cehd.umn.edu/tuckercenter*）
明尼蘇達大學的跨領域研究中心，致力於改革女性在運動、家庭與社區中的發展。透過以解決問題為導向的研究、知識轉譯和教育推廣，研究人員努力提升女性在體育活動中的參與和成長。
4. 女性運動領導人（Women Leaders in Sports, *Womenleadersinsports.org*）
這個社群的人數不斷成長。他們深信在領導階層中，女性、多元與公平的聲音不能少，尤其是在體育界中。
5. 女性運動基金會（Women's Sports Foundation, *Womenssportsfoundation.org*）
透過研究、倡議和社區工作，希望在將來每位女性都能參與運動、實現潛能。

青少年運動

1. 美國兒科學會（American Academy of Pediatrics, *Aap.org*）
由六萬七千名名小兒科醫師組成，致力於確保嬰兒、兒童、青少年與青年在身體、心理與社交生活的健康和福祉。
2. 療癒身心與實現正義的運動中心（Center for Healing and Justice through Sport, *Chjs.org*）
透過運動來療癒身心、建立韌性，並處理體制性的不正義問題；也透過運動幫助兒童康復與茁壯。
3. Go Z Girls, *Zgirls.org*
提供由專業女性運動員主持的線上課程，透過一些實用的心理工具，教導女孩克服自我懷疑、建立自信。
4. 全美青少年體育委員會（National Council of Youth Sports, Ncys.org）
讓青少年都能公平參與體育活動，並確保比賽在安全環境中進行。
5. Project Play, *Projectplay.org*
透過體育活動與相關知識來建立健康的社區。
6. TrueSport, *Truesport.org*
由美國反禁藥機構發起，旨在改革青少年運動文化，幫助年輕運動員建立有益的生活技能與核心價值。此平台也提供教育課程與教練認證。

3. InterACT, *Interactadvocates.org*
   該組織的使命是透過立法等措施關注有雙性特徵的兒童，並保障他們在各個領域的權益。
4. 萬能媽媽（Mom of All Capes, *Momofallcapes.com*）
   在大眾領域裡提升多元觀點的能見度，並與學生、教師及家長合作以實現更公平的環境。
5. NCAA Gender Equity and Title IX Information（NCAA 性別平等與《第九條》資訊，*NCAA.org*）
   提供與性別平等相關的聯邦與州法律資訊。
6. TransAthlete.com
   網路資訊平台，供學生、運動員和教練查詢，在各級別的體育活動中有那些跨性別能參與的賽事。
7. The Trevor Project, *Thetrevorproject.org*
   此非營利組織透過倡議、研究與教育來防止多元性別族群青少年自殺。

物質濫用

1. 匿名戒酒會（Alcoholics Anonymous, *Aa.org*）
   提供免費資訊和互助團體，幫助任何想戒除物質成癮的人。
2. 高教界康復協會（Association of Recovery in Higher Education, *Collegiaterecovery.org*）
   提供教育、資源與社群連結，協助大學生邁向康復之路。
3. 全美減害聯盟（National Harm Reduction Coalition, *Harmreduction.org*）
   創造對話與行動的空間，挑戰帶有種族歧視的反毒政策，並推動有實證基礎的減害計畫。
4. 復原庇護所（Refuge Recovery, *Refugerecovery.org*）
   應用佛教原則的支持團體，幫助患者擺脫物質濫用的痛苦。
5. 黑人女孩戒酒俱樂部（Sober Black Girls Club, *Soberblackgirlsclub.com*）
   為正在戒酒的黑人女性和與非二元性別者提供資源與支持。
6. 物質濫用與心理健康服務管理局（*Samhsa.gov*）
   美國衛生與公共服務部的下屬機構，負責落實相關的公衛工作。
7. White Bison, *Whitebison.org*
   為美國各地的原住民提供戒癮、復原、預防物質濫用與提升身心靈健康的學習資源。

自殺與自傷

1. 康乃爾大學自傷研究計畫（Cornell Research Program on Self-Injury, *Selfinjury.bctr.cornell.edu*）
   提供與自傷相關的知識，並將最新的研究成果轉化為實用的大眾知識和工具。
2. 危機簡訊專線（Crisis Text Line, *Crisistextline.org*）
   此非營利組織提供多項心理健康資源，包含全年無休、二十四小時開通的簡訊服務，而受過完整培訓的輔導員會透過平台匿名回應。

ders, *Feast-ed.org*）
由照護者組成的國際性組織，支持那些家人受飲食失調所苦的家庭，包括提供資訊與互助資源，推廣有科學基礎的治療方式，以減少飲食失調帶來的痛苦。
3. 全美飲食失調協會（National Eating Disorder Association, *Nationaleatingdisorders.org*）
致力於支持受飲食失調影響的個人與家庭，並推動與催生更多預防、治療與照護的措施和機構。
4. Project Heal, *Theprojectheal.org*
他們的使命是打破醫療制度與經濟上的障礙，並透過多方面的計畫，去協助那些在現有體制中沒被照顧到的飲食失調患者。
5. RED in Sport, *Redinsport.org.*
Redinsport.org. 一個介紹「運動相對能量不足」的網站，由運動醫學的專業人士負責維護。他們相信，每位運動員、教練、家長、訓練員都應了解這方面的風險，以及如何辨識與預防。
6. 無聲跑步（Running in Silence, *Runninginsilence.org*）
推廣飲食失調相關的知識，好讓運動員能獲得協助、變得更健康、更能發揮潛力。

女性健康

1. 黑人女性一定要健康（Black Women's Health Imperative, *Bwhi.org*）
全美最大的黑人女性健康平權組織，在推動政策、教育、研究、傳播知識等方面是首屈一指的先鋒。
2. 女孩的運動內衣（Bras for Girls, *Brasforgirls.org*）
贈送全新運動內衣及乳房發育教育手冊給有需要的青春期女孩。受贈對象包括學校、社區等提供女孩運動機會的單位。
3. 勇敢談性的家庭（Sex Positive Families, *Sexpositivefamilies.com*）
協助照顧者以大方而健康的態度為孩子解說性教育。
4. Stanford FASTR Program, *Fastr.stanford.edu*
提供資源，使各年齡層的女性運員更容易獲得支援，以提升健康與運動表現。
5. 沃恩托育基金（Vaughn Childcare Fund, *Vaughnchildcarefund.org*）
為正在就學的運動員父母提供育兒資金，也提供相關資訊、課程與師資。
6. 波士頓兒童醫院吳蔡女性運動員計畫（Wu Tsai Female Athlete Program at Boston Children's Hospital, *Childrenshospital.org*）
採取全方位的方法診斷與治療女性運動員的運動傷害，評估項目不僅限於症狀與受傷部位，也涵蓋運動習慣、荷爾蒙水平與營養需求，以確保運動員能發揮實力。

人權與社會正義

1. Athlete Ally, *Athleteally.org*
此非營利組織致力於終結運動界裡的恐同與恐跨情結，並為多元性別群體爭取權益。
2. 黑人女性體育基金會（Black Women in Sport Foundation, *Blackwomeninsport.org*）
此非營利組織致力於鼓勵黑人女性投入體育領域，包括成為運動員、教練與行政人員。

美國相關資源參考

虐待、不當對待與創傷

1. 倖存者部隊（The Army of Survivors, Thearmyofsurvivors.org）
   由美國體操界的性侵倖存者成立，呼籲社會重視各級運動員所受到的性暴力，並追究相關責任以及推動處置程序透明化。
2. RAINN, Rainn.org
   全美最大反性暴力組織，致力於預防性暴力、協助倖存者、並確保加害者被繩之以法，同時推動多項相關計畫。
3. 美國安全運動中心（The US Center for SafeSport, Uscenterforsafesport.org）
   獨立的非營利機構，目標為建立安全的運動社群，不再有情緒或身體虐待、性虐待或其他不當行為。該中心為教練、家長、運動員、青少年提供訓練資源與實務指引，並透過保密的線上表單或專線受理相關的虐待與不當行為情事。

運動員的心理健康資源

1. 運動員心理健康基金會（Athletes Mental Health Foundation *Athletesmentalhealthfoundation.org*）
   此非營利組織致力於協助運動員理解並處理自身的心理狀態，並將心理照護融入運動體系。它還會幫助運動員提升表現，重新找回對運動的熱情。
2. 隱形對手（The Hidden Opponent, *Thehiddenopponent.org*）
   此倡議團體致力於提升學生運動員的心理健康知識，並去除運動文化中的汙名化現象。在這個安全空間中，運動員感到被傾聽、支持與關愛，心理健康專業人士也會提供免費的協助。
3. 凱蒂救援（Katie's Save, *Katiessave.org*）
   非營利組織，致力於推動相關政策，讓大學生可以選擇一位信任的成年人作為「救援者」，後者能接收到校方的緊急通知並前去幫助學生。
4. 摩根的訊息（Morgan's Message, *Morgansmessage.org*）
   此非營利組織致力於為學生運動員釐清心理健康意義，並呼籲體育界重視身心健康。他們的目標是讓大眾自然地討論心理議題，並援助那些默默受苦、感到孤單無援的人。
5. 全美心理疾病聯盟（National Alliance on Mental Illness, *Nami.org*）
   全美最大的心理健康組織，致力於幫助數百萬患者過更好的生活。
6. 美國自殺防治熱線（National Suicide & Crisis Lifeline, *988lifeline.org*）
   救助陷入自殺念頭或情緒困擾的人。全年無休、全天候提供免費且保密對話。

身體形象與飲食失調

1. 艾蜜莉計畫（The Emily Program, *Emilyprogram.com*）
   知名的飲食失調治療機構，其使命是提供個別化照護，幫助患者邁向康復的路。
2. 飲食失調家庭互助連線（Families Empowered and Supporting Treatment for Eating Disor-

10 Alex Azzez, "Becky Sauerbrunn Opens Up about Freezing Embryos, Ending Stigma," NBC Sports, January 6, 2022, https://www.nbcsports.com/on-her-turf/news/becky-sauerbrunn-opens-up-about-freezing-embryos-ending-stigma.
11 Lindsay Crouse, "Allyson Felix: My Own Nike Story," *New York Times,* May 22, 2019, https://www.nytimes.com/2019/05/22/opinion/allyson-felix-pregnancy-nike.html.
12 Alysia Montano, "Nike Told Me to Dream Crazy, Until I Wanted a Baby," *New York Times,* May 12, 2019, https://www.nytimes.com/2019/05/12/opinion/nike-maternity-leave.html.
13 Serena Williams (@serenawilliams), "Last week was not easy for me," Instagram post, August 6, 2018, https://www.instagram.com/p/BmJ3KMzFRZw/?utm_source=ig_web_copy_link.
14 &Mother, andmother.org, https://andmother.org/.

第十三章

1 Dawne Vogt, "Research on Women, Trauma, and PTSD," National Center for Post-Traumatic Stress Disorder, https://www.ptsd.va.gov/professional/treat/specific/ptsd_research_women.asp.
2 Miranda Olff, "Sex and Gender Differences in Post-Traumatic Stress Disorder: An Update," *European Journal of Psychotraumatology* 8, no. 4. https://www.tandfonline.com/doi/abs/10.1080/20008198.2017.1351204.
3 Angela J. Hattery, Earl Smith, Katelyn Foltz, and Marissa Kiss, "Ineffective Policies for Gender-Based Violence in Sports Result in a Lack of Accountability," Brookings, April 4, 2023, https://www.brookings.edu/articles/ineffective-policies-for-gender-based-violence-in-sports-result-in-lack-of-accountability/.
4 J. J. Freyd, "What is a Betrayal Trauma? What is Betrayal Trauma Theory?"Retrieved September 21, 2023, http://pages.uoregon.edu/dynamic/jjf/defineBT.html.
5 National Center for PTSD, "Self-Help and Coping," https://www.ptsd.va.gov/gethelp/self-help_coping.asp.
6 "How to Cope with Traumatic Stress," American Psychological Association, https://www.apa.org/topics/trauma/stress.

第十四章

1 Serena Williams (@serenawilliams), Instagram, August 22, 2023, https://www.instagram.com/p/CwQl-n9PJjx/?utm_source=ig_web_copy_link.
2 A. Odone et al., "Italian Working Group on Retirement and Health. Does Retirement Trigger Depressive Symptoms? A Systematic Review and Meta-Analysis," *Epidemiology and Psychiatry Science* 1 (December 2021): 30:e77. doi: 10.1017/S2045796021000627.

結語

1 "We Are Angel City," HBO, 2023, https://www.hbo.com/angel-city.

Times, April 3, 2023, https://www.nytimes.com /2023/04/03/sports/ncaabasketball/lsu-iowa-womens-tournament-ratings-record.html.
13 "Angel Reese," On3 NIL Deals, https://www.on3.com/db/angel-reese-174581/nil-deals/.
14 NBC Sports Washington Staff, "WNBA Salaries, Who Has the Highest, League Average, and More," Yahoo Sports, May 31, 2023, https://sports.yahoo.com/wnba-salaries-highest-league-average-140000974.html.
15 "Emily Cole," On3 NIL Deals, https://www.on3.com/db/emily-cole-162404/.
16 L. S. Fortes, G. P. Berriel, H. Faro, C. G. Freitas-Junior, and L. A. Peyre-Tartaruga, "Can Prolongate Use of Social Media Immediately BeforeTraining Worsen High Level Male Volleyball Players' Visuomotor Skills?" *Perceptual and Motor Skills* 129, no. 6 (2022): 1790–1803.
17 "Total Compensation By Sport," Opendorse, https://biz.opendorse.com/nil-insights/.
18 "Livvy Dunne," On3 NIL Deals, https://www.on3.com/db/livvy-dunne-162353/.

第十二章

1 Emma Pallant-Browne (@em_pallant), Instagram, https://www.instagram.com/p/Csoa5cJMuIL/?utm_source=ig_web_copy_link&igsh=MzRlODBiNWFlZA==.
2 "Brief of over 500 women athletes, the Women's National Basketball Players Association, the National Women's Soccer League Players Association, and Athletes for Impact, who have exercised, relied on, or support the Constitutional right to abortion as amici curiae in support of respondents," Case No. 19-1392 (Supreme Court of the United States), https://reproductiverights.org/wp-content/uploads/2021/09/Athletes-Brief.pdf.
3 E. Guenther, E. Sorensen, and L. Champagne, "Title IX Information Increases Female Collegiate Athletes' Intent to Seek Help," *Journal of Intercollegiate Sport* 16, no. 1 (2023): 54–73. https://doi.org/10.17161/jis.v16i1.15816.
4 Diana Greene Foster, "The Turnaway Study," Scribner 2020.
5 Zara Abrams, "The Facts about Abortion and Mental Health," American Psychological Association, June 22, 2022, https://www.apa.org/monitor/2022/09/news-facts-abortion-mental-health.
6 Diane Chen et al., "Psychosocial Functioning in Transgender Youth after 2 Years of Hormones," *New England Journal of Medicine* 388 (January 19, 2023): 240–50, https://www.nejm.org/doi/full/10.1056/NEJMoa2206297.
7 Layshia Clarendon (@layshiac), "On Jan 13th at 10am I hugged my wife in front of my surgery building," Instagram post, January 29, 2021, https://www.instagram.com/p/CKpAwB5hYC8/?utm_source=ig_web_copy_link.
8 "Pregnant and Parenting Student-Athletes," NCAA Gender Equity, http://s3.amazonaws.com/ncaa.org/documents/2021/1/18/PregnancyToolkit.pdf.
9 Alex Morgan (@alexmorgan13), "Well you shouldn't own a team if you can't (financially) support your players," X (formerly Twitter) post, https://x.com/alexmorgan13/status/1616167424327548928?s=20.

9 Kevin McCauley, https://drkevinmccauley.com/.
10 "Delaware State Agencies Partner with Youth Sports Team to Prevent Opioid Use," February 9, 2023, https://news.delaware.gov/2023/02/09/delaware-state-agencies-partner-with-youth-sports-teams-to-prevent-opioid-use-among-teen-athletes/.

第十一章

1 Alexis, Kathleen, and Jeffrey Spence vs. Meta Platforms Inc., 3:22-cv-03294 (United States District Court Northern District of California San Francisco Division, June 6, 2022), https://socialmediavictims.org/wp-content/uploads/2022/06/Spence-Complaint-6_6_22.pdf.
2 Cristiano Lima, "A Whistleblower's Power: Key Takeaways from the Facebook Papers," *Washington Post,* October 26, 2021, https://www.washingtonpost.com/technology/2021/10/25/what-are-the-facebook-papers/.
3 Simone Biles (@Simone_Biles), "you all can judge my body all you want, but at the end of the day it's MY body. I love it & I'm comfortable in my skin," X (formerly Twitter), December 27, 2016, https://twitter.com/Simone_Biles/status/813947733816016896.
4 Ben Rothenberg, "Tennis's Top Women Balance Body Image with Ambition," *New York Times*, July 10, 2015, https://www.nytimes.com/2015/07/11/sports/tennis/tenniss-top-women-balance-body-image-with-quest-for-success.html.
5 Kareem Abdul-Jabbar, "Body Shaming Black Female Athletes Is Not Just about Race," *Newsweek*, July 20, 2015, https://time.com/3964758/body-shaming-black-female-athletes/.
6 "World Athletics Publishes Abuse Study Covering Tokyo Olympic Games," World Athletics, November 25, 2021, https://worldathletics.org/news/press-releases/online-abuse-study-athletes-tokyo-olympic-games.
7 "World Athletics Publishes Online Abuse Study Covering World Athletic Championships Oregon22," World Athletics, December 2, 2022, https://worldathletics .org/news/press-releases/online-abuse-study-world-athletics-championships -oregon22.
8 Evelyn Watta, "British Pole Vaulter Holly Bradshaw Scarred by Online Abuse," Olympics.com, March 22, 2023, https://olympics.com/en/news/british-pole-vaulter-holly-bradshaw-online-abuse.
9 Sedona Price (@sedonerr), "it's 2021 and we are still fighting for bits and ieces of equality. #ncaa #inequality #fightforchange," TikTok post, arch 18, 2022, https://www.tiktok.com/@sedonerrr/video/6941180880127888646.
10 "Kaplan Hecker & Fink Releases Independent Review and Recommendations around Gender Issues in NCAA Championships,"Kaplan Hecker & Fink LLP, August 3, 2021, https://ncaagender equityreview.com/phase-i-report-announcement/.
11 ESPN (@espn), "9.9 MILLION VIEWERS Record-breaking#NationalChampionship thriller between @LSUwbkb and @IowaWBB makes TV history," X (formerly Twitter) post, April 3, 2023, https://x.com/ESPNPR/status/1643004893655965706?s=20.
12 Remy Tumin, "NCAA Women's Tournament Shatters Ratings Record in Final," *New York*

Resolutions Database," *Sports Health* 7, no. 5 (September–October 2015): 452–57. doi:10.1177/1941738115587675.
3 D. M. Stone, K. A. Mack, and J. Qualters, "*Notes from the Field:* Recent Changes in Suicide Rates, by Race and Ethnicity and Age Group—United States, 2021," *Morbidity and Mortality Weekly Report* 72 (2023): 160–62. http://dx.doi.org/10.15585/mmwr.mm7206a4.
4 "The Youth Risk Behavior Survey," Centers for Disease Control and Prevention, 2011–2021. Accessed December 28, 2023, https://www.cdc.gov/healthyyouth/data/yrbs/yrbs_data_summary_and_trends.htm?s_cid=hy-DSTR1-2023.
5 Amy E. Green, Jonah P. DeChants, Myeshia N. Price, and Carrie K. Davis, "Association of Gender-Affirming Hormone Therapy with Depression, Thoughts of Suicide, and Attempted Suicide among Transgender and Nonbinary Youth," *Journal of Adolescent Health* 70, no. 4 (December 14, 2021), https://doi.org/10.1016/j.jadohealth.2021.10.036.

第十章

1 "188. Abby Wambach: Will I Ever Be Truly Loved?" March 2023, in *We Can Do Hard Things*, podcast, MP3 audio, hosted by Abby Wambach, Glennon Doyle, and Amanda Doyle, https://podcasts.apple.com/us/podcast/188-abby-wambach-will-i-ever-be-truly-loved/id1564530722?i=1000604046032.
2 Abby Wambach, *Forward: A Memoir* (Dey Street Books, New York, 2017).
3 Hannah B. Apsley, Noel Vest, Kyler S. Knapp, Alexis Santos-Lozada, Joy Gray, Gregory Hard, and Abenaa A. Jones, "Non-Engagement in Substance Use Treatment among Women with an Unmet Need for Treatment: A Latent Class Analysis on Multidimensional Barriers," *Drug and Alcohol Dependence* 242 (January 2023): 109715, https://doi.org/10.1016/j.drugalcdep.2022.109715.
4 "2021 National Survey on Drug Use and Health," Substance Abuse and Mental Health Services Administration, 2021. Accessed December 28, 2023, https://www.samhsa.gov/data/release/2021-national-survey-drug-use-and-health-nsduh-releases.
5 "2017 NCAA Student-Athlete Substance Use Survey," NCAA, 2017, https://www.ncaa.org/sports/2013/11/20/ncaa-student-athlete-substance-use-study.aspx.
6 H. H. Cleveland, K. S. Harris, A. K. Baker, R. Herbert, and L. R. Dean, "Characteristics of a Collegiate Recovery Community: Maintaining Recovery in an Abstinence-Hostile Environment," *Journal of Substance Abuse Treatment* 33, no. 1, (July 2007): 13–23. doi:10.1016/j.jsat.2006.11.005.
7 Brian Hainline, Lydia Bell, and Mary Wilfert, "Mind, Body, Sport:Substance Use and Abuse," NCAA, https://www.ncaa.org/sports/2014/11/4/mind-body-and-sport-substance-use-and-abuse.aspx.
8 Michelle Pitts, Graig Chow, and Yang Yanyun, "Athletes' Perceptions of Their Head Coach's Alcohol Management Strategies and Athlete Alcohol Use," *Addiction Research & Theory* 26 (2017): 1–9. doi:10.1080/16066359.2017.1341976.

14 Meg Linehan, "'This Guy Has a Pattern': Amid Institutional Failure,Former NWSL Players Accuse Prominent Coach of Sexual Coercion," *The Athletic,* September 30, 2021, https://the-athletic.com/2857633/2021/09/30/this-guy-has-a-pattern-amid-institutional-failure-former-nwsl-players-accuse-prominent-coach-of-sexual-coercion/.
15 Scott Reid, "Attorney Alleges UC Berkeley Coach Teri McKeever is the Victim of Gender Bias," *OC Register,* June 25, 2022, https://www.ocregister.com/2022/06/25/attorney-alleges-uc-berkeley-coach-teri-mckeever-is-the-victim-of-gender-bias/.

第八章

1 Matthew Futterman, "Jessie Diggins Wins Bronze in Individual Sprint, Her Second Olympic Medal," *New York Times,* February 8, 2022, https://www.nytimes.com/2022/02/07/sports/olympics/jessie-diggins-bronze-sprint-cross-country.html.
2 Jessie Diggins (@jessiediggins), "Working on a blog post about the Games that I might (someday) finish," Instagram photo, March 7, 2022, https://www.instagram.com/p/Ca0HR-C3uO35/?utm_source=ig_web_copy_link.
3 Jessie Diggins, "Body Issue(s)," *Jessie Diggins* (blog), June 25, 2018, https://jessiediggins.com/body-issues/.
4 S. Bratland-Sanda and J. Sundgot-Borgen, "Eating Disorders in Athletes: Overview of Prevalence, Risk Factors and Recommendations for Prevention and Treatment," *European Journal of Sport Science* 13, no. 5 (2013): 499–508. doi:10.1080/17461391.2012.740504. Accessed December 28, 2023.
5 K. Kato, S. Jevas, and D. Culpepper, "Body Image Disturbances in NCAA Division I and III Female Athletes," *The Sport Journal,* https://thesportjournal.org/article/body-image-disturbances-in-ncaa-division-i-and-iii-female-athletes/.
6 Deloitte Access Economics. "The Social and Economic Cost of Eating Disorders in the United States of America: A Report for the Strategic Training Initiative for the Prevention of Eating Disorders and the Academy for Eating Disorders," Harvard School of Public Health, June 2020, https://www.hsph.harvard.edu/striped/report-economic-costs-of-eating-disorders/.
7 Ken Goe, "Women Athletes Allege Body Shaming within Oregon Ducks Track and Field Program," *The Oregonian,* October 25, 2021, https://www.oregonlive.com/trackandfield/2021/10/women-athletes-allege-body-shaming-within-oregon-ducks-track-and-field-program.html.

第九章

1 Steven Meyer and Gina Meyer, Individually and as Successor in Interest to Kathryn Diane Meyer vs. The Leland Stanford Junior University, et al., 22CV407844 (Superior Court of California County of Santa Clara, 2022).
2 A. L. Rao, I. M. Asif, J. A. Drezner, B. G. Toresdahl, and K. G. Harmon, "Suicide in National Collegiate Athletic Association (NCAA) Athletes: A 9-Year Analysis of the NCAA

第七章

1 Simone Biles, "Statement for 9/15 Hearing," US Senate Committee on the Judiciary, November 15, 2021, https://www.judiciary.senate.gov/imo/media/doc/Biles%20Testimony1.pdf.

2 Marisa Kwiatkowski, Mark Alesia, and Tim Evans, "A Blind Eye to Sex Abuse: How USA Gymnastics Failed to Report Cases," *Indianapolis Star,*August 4, 2016, https://www.indystar.com/story/news/investigations/2016/08/04/usa-gymnastics-sex-abuse-protected-coaches/85829732/.

3 "Sparking Cultural Change for a Safer Tomorrow: U.S. Center for SafeSport 2022 Annual Report," US Center for SafeSport, 2022. AccessedDecember 28, 2023, https://uscenterforsafesport.org/2022-annual-report/.

4 Aly Raisman, "Statement to the U.S. Senate Committee on the Judiciary," September 15, 2021, https://www.judiciary.senate.gov/imo/media/doc/Raisman%20Testimony.pdf.

5 "2020 Athlete Culture & Climate Survey," US Center for SafeSport, July 14, 2021, https://uscenterforsafesport.org/wp-content/uploads/2021/07/CultureClimateSurvey_ExternalReport_071421_Final.pdf.

6 Shelba Waldron, "Tough Coaching or Emotional Abuse: Knowing When the Line Has Been Crossed," USA Gymnastics SafeSport Training. Accessed December 28, 2023, https://members.usagym.org/PDFs/Member%20Services/webinars/ss_emotional.pdf.

7 Dale Vernor, "PTSD Is More Likely in Women Than Men," National Alliance on Mental Illness, October 8, 2019, https://www.nami.org/Blogs /NAMI-Blog/October-2019/PTSD-is-More-Likely-in-Women-Than-Men.

8 A. L. Roberts, M. Rosario, H. L. Corliss, K. C. Koenen, and S. B. Austin, "Elevated Risk of Post-Traumatic Stress in Sexual Minority Youths:Mediation by Childhood Abuse and Gender Nonconformity," *American Journal of Public Health* 102, no. 8. (August 2012): 1587–93. doi:10.2105/AJPH.2011.300530.

9 Natalie Guitierrez, *The Pain We Carry: Healing from Complex PTSD for People of Color* (Oakland, CA: New Harbinger Publications, 2022).

10 Judith Herman, *Trauma and Recovery: The Aftermath of Violence—From Domestic Abuse to Political Terror,* (New York: Basic Books, 1992).

11 Bob Hohler, "A Reckoning, Decades in the Making: Famed Olympic Runner Lynn Jennings Chases Down the Renowned Coach Who Abused Her as a Teen," *Boston Globe*, February 17, 2023, https://www.bostonglobe.com/2023/02/17/sports/lynn-jennings-john-babington/.

12 "Boston Globe Story on Sexual Abuse Perpetrated by Former Wellesley College Coach John Babington," Wellesley, February 17, 2023, https://blogs.wellesley.edu/announcements/2023/02/17/boston-globe-story-on-sexual-abuse-perpetrated-by-former-wellesley-coach-john-babington/.

13 Molly Hensley-Clancy, "Nobody Cares: NWSL Players Say U.S. Soccer Failed to Act on Abuse Claims Against Red Stars Coach," *Washington Post,*November 22, 2021, https://www.washingtonpost.com/sports /2021/11/22/rory-dames-chicago-red-stars-resigns/.

6 Glaaser, Boucher, and LaVoi, "A New Era." https://www.cehd.umn.edu/tuckercenter/library/docs/research/WCCRC-2022-23-Select-7.pdf
7 Zarrett, Cooky, and Veliz, "Coaching through a Gender Lens." https://www.womenssports-foundation.org/wp-content/uploads/2019/04/coaching-through-a-gender-lens-report-web.pdf
8 "A Look at Trends for Women in College Sports," NCAA, March 1, 2023, https://www.ncaa.org/news/2023/3/1/media-center-a-look-at-trends-for-women-in-college-sports.aspx.

第五章

1 "Physical Changes during Puberty," American Academy of Pediatrics. Accessed December 28, 2023, https://www.healthychildren.org/English/ages-stages/gradeschool/puberty/Pages/Physical-Development-of-School-Age-Children.aspx.
2 Maham Javaid, "After a 1935 Tragedy, a Priest Vowed to Teach Kids about Menstruation," *Washington Post,* March 25, 2023, https://www.washingtonpost.com/nation/2023/03/25/florida-schools-bill-menstruation-crisis-suicide-hotline-mcclain/.
3 Lauren Fleshman, "Dear Younger Me," Milesplit USA. Accessed December 28, 2017, https://www.milesplit.com/articles/211759/dear-younger-me-lauren-fleshman.
4 Erin Strout, "Orlando Pride Is Ditching Its White Shorts So Players Are Never Uncomfortable on Their Periods," *Women's Health,* February 28, 2023, https://www.womenshealthmag.com/fitness/a43104333/orlando-pride-updates-uniform-look-periods/.
5 J. Scurr, N. Brown, J. Smith, A. Brasher, D. Risius, and A. Marczyk, "The Influence of the Breast on Sport and Exercise Participation in School Girls in the United Kingdom" *Journal of Adolescent Health* 58, no. 2 (February 2016):167–73, doi:10.1016/j.jadohealth.2015.10.005.

第六章

1 J. C. Basso and W. A. Suzuki, "The Effects of Acute Exercise on Mood, Cognition, Neurophysiology, and Neurochemical Pathways: A Review," *Brain Plasticity* 2, no. 2, (March 28, 2017): 127–52. doi: 10.3233/BPL-160040.
2 C. P. Herrero, N. Jejurikar, and C. W. Carter, "The Psychology of the Female Athlete: How Mental Health and Wellness Mediate Sports Performance, Injury and Recovery," *Annals of Joint* 6 (2021): 38.
3 *Diagnostic and Statistical Manual of Mental Disorders* (Washington, DC: American Psychiatric Association Publishers, 2022).
4 Herrero, Jejurikar, and Carter, "The Psychology of the Female Athlete."
5 "Simone Manuel Gives Emotional Press Conference Explaining Overtraining Syndrome Diagnosis," SwimSwam, June 18, 2021, https://www.youtube.com/watch?v=hJ8BVYmRrek.
6 "Simone Manuel's Journey Back to Swimming since the Tokyo Olympics," Swim Swam, March 28, 2023, https://swimswam.com/simone-manuels-journey-back-to-swimming-since-the-tokyo-olympics/.

3 "State of Play 2019," The Aspen Institute. Accessed December 27, 2023, https://www.aspen-institute.org/wp-content/uploads/2019/10/2019_SOP_National_Final.pdf.
4 "Do You Know What's Influencing Girls' Participation in Sports?" The Women's Sports Foundation. Accessed December 27, 2023, https://www.womenssportsfoundation.org/do-you-know-the-factors-influencing-girls-participation-in-sports/.
5 J. L. Herman, A. R. Flores, and K. K. O'Neill, "How Many Adults and Youth Identify as Transgender in the United States?" The Williams Institute, UCLA School of Law. Accessed December 27, 2023, https://williamsinstitute.law.ucla.edu/wp-content/uploads/Trans-Pop-Update -Jun-2022.pdf.
6 "The Trevor Project Research Brief: LGBTQ Youth Sports Participation," The Trevor Project, September 2021, https://www.thetrevorproject.org/wp-content/uploads/2021/09/LGBTQ-Youth-and-Sports_-September-Research-Brief-2.pdf.
7 Sally Yates, "Report of the Independent Investigation to the U.S. Soccer Federation Concerning Allegations of Abusive Behavior and Sexual Misconduct in Women's Professional Soccer," King & Spalding, October 3, 2022, https://www.kslaw.com/attachments/000/009/931/original/King___Spalding_-_Full_Report_to_USSF.pdf?1664809048.

第三章

1 "Estimated Probability of Competing in NCAA Athletics," NCAA. Accessed December 27, 2023, https://www.ncaa.org/sports/2015/3/2/estimated-probability-of-competing-in-college-athletics.aspx.
2 Tressie McMillan Cottom, "Venus and Serena Williams on Their Own Terms," *Harper's Bazaar,* February 16, 2022, https://www.harpersbazaar.com/culture/features/a38957619/0001-0179-origin-story-march-2022/.

第四章

1 "Coach Well-Being Survey," NCAA, January 26, 2023, https://ncaaorg.s3.amazonaws.com/research/wellness/2023RES_NCAA-Coach-Well-BeingSurveyReport.pdf.
2 R. Hughes and J. Coakley, "Positive Deviance among Athletes: The Implications of Overconformity to the Sport Ethic," *Sociology of Sport Journal* 8, no. 4 (1991): 307–25, https://doi.org/10.1123/ssj.8.4.307.
3 N. Zarrett, C. Cooky, and P. T. Veliz, "Coaching through a Gender Lens:Maximizing Girls' Play and Potential," Women's Sports Foundation, April 2, 2019. https://www.womenssports-foundation.org/wp-content/uploads/2019/04/coaching-through-a-gender-lens-report-web.pdf
4 "State of Play 2022," The Aspen Institute. Accessed December 27, 2023, https://projectplay.org/state-of-play-2022/coaching-trends.
5 "Quality Coaching Framework," US Olympic and Paralympic Committee. Accessed December 28, 2023, https://www.usopc.org/quality-coaching-framework.

註釋

前言

1 “Vin Lananna,” GoDucks, University of Oregon, https://goducks.com/sports/track-and-field/roster/coaches/vin-lananna/241.

2 “AAA Panel Imposes 4-Year Sanctions on Alberto Salazar and Dr. JeffreyBrown for Multiple Anti-Doping Rules Violations,” United States Anti-Doping Agency, September 30, 2019, https://www.usada.org/sanction/aaa-panel-4-year-sanctions-alberto-salazar-jeffrey-brown/.

3 Mary Cain, “I Was the Fastest Girl in America, until I Joined Nike,” *New York Times*, November 7, 2019, https://www.nytimes.com/2019/11/07/opinion/nike-running-mary-cain.html.

4 Kara Goucher, *The Longest Race: Inside the Secret World of Abuse, Doping, and Deception on Nike's Elite Running Team* (New York: Gallery Books, 2023).

5 Mike Penner, “U.S. Gymnast Braves Pain for Gold,” *Los Angeles Times*, July 24, 1996.

第一章

1 “U.S. Olympic & Paralympic Committee Announces 613-Member 2020 U.S. Olympic Team,” Team USA, July 13, 2021, https://www.teamusa.com/news/2021/july/13/usopc-announces-613-member-2020-us-olympic-team.

2 “From the Shadows to the Spotlight,” Wasserman and ESPNW Research, October 2023, https://www.teamwass.com/news/new-study-womens-sports-comprise-15-of-sports-media-coverage/.

3 J. Glaaser, C. Boucher, and N. M. LaVoi, “A New Era. The Women in College Coaching Report Card, Year 11: Select Seven NCAA Division-I institutions, 2022–23,” The Tucker Center for Research on Girls & Women in Sport, August 2023, https://wecoachsports.org/wp-content/uploads/WCCRC-SELECT-SEVEN-2023_August-1-2023.pdf.

4 “The American College of Sports Medicine Statement on Mental Health Challenges for Athletes,” American College of Sports Medicine, August 9, 2021, https://www.acsm.org/news-detail/2021/08/09/the-american-college-of-sports-medicine-statement-on-mental-health-challenges-for-athletes.

5 “The State of Mental Health in America,” Mental Health America. Accessed December 27, 2023, https://mhanational.org/issues/state-mental -health-america.

6 Ernst & Young, “Where Will You Find Your Next Leader?” Accessed March 26, 2024, https://www.ey.com/en_us/athlete-programs/why-female-athletes-should-be-your-next-leader.

第二章

1 Kelsey Logan et al., “Organized Sports for Children, Preadolescents, and Adolescents,” *Pediatrics* 143, no. 6 (June 2019): e20190997. https://doi.org/10.1542/peds.2019-0997.

2 “State of Play 2022,” The Aspen Institute. Accessed December 27, 2023, https://projectplay.org/state-of-play-2022/costs-to-play-trends.

作者簡介

凱蒂・史提爾（Katie Steele）

凱蒂是一位婚姻與家庭治療師，並在奧勒岡州本德市創立「心榮茂」心理健康診所。凱蒂曾代表奧勒岡大學和佛羅里達州立大學參加太平洋十校聯盟的田徑比賽。她在大一那年獲選為聯盟第二隊成員，表現相當出色。
出於NCAA第一級運動員的經歷，凱蒂懷抱一項使命：在運動體系中推動心理健康照護。她希望每個人都能擁有健康的運動環境，並培養對體育活動的終身熱愛。

蒂芙妮・布朗（Tiffany Brown）

蒂芙妮是奧勒岡大學伴侶與家庭治療研究所的資深教師，也是合格的婚姻與家庭治療師。她在德州理工大學取得婚姻與家庭治療博士學位。在臨床實務上，蒂芙妮專門協助有自傷傾向、心理創傷以及藥物濫用問題的患者。
蒂芙尼熱愛運動，尤其喜歡在奧勒岡海岸附近划獨木舟。

艾琳・斯特勞特（Erin Strout）

艾琳是一名體育記者，專注於報導健身、賽事、女性健康議題。她的作品散見於ESPN、《華盛頓郵報》、《女性健康雜誌》、《跑者世界》、《女性跑者》（Women's Running）等媒體。
艾琳曾親臨世界六大馬拉松、里約奧運、東京奧運的現場，她本人也是一位跑步狂熱者和愛狗人士，現居亞利桑那州的弗拉格斯塔夫（Flagstaf）。

知識叢書 1153

金牌的代價：歧視、飲食失調與自我懷疑，女性運動員的身心危機

The Price She Pays: Confronting the Hidden Mental Health Crisis in Women's Sports-from the Schoolyard to the Stadium

作　　者—蒂芙妮．布朗（Tiffany Brown）、凱蒂．史提爾（Katie Steele）、艾琳．斯特勞特（Erin Strout）
譯　　者—林柏宏
責任編輯—許越智
責任企畫—張瑋之
封面設計—陳文德
內文排版—張瑜卿
總 編 輯—胡金倫
董 事 長—趙政岷
出 版 者—時報文化出版企業股份有限公司
一〇八〇一九臺北市和平西路三段二四〇號一至七樓
發行專線／（〇二）二三〇六—六八四二
讀者服務專線／〇八〇〇—二三一—七〇五、（〇二）二三〇四—七一〇三
讀者服務傳真／（〇二）二三〇四—六八五八
郵撥／一九三四—四七二四時報文化出版公司
信箱／一〇八九九臺北華江橋郵局第九九信箱
時報悅讀網—www.readingtimes.com.tw
綠活線臉書—https://www.facebook.com/readingtimesgreenlife/
法律顧問—理律法律事務所　陳長文律師、李念祖律師
印　　刷—勁達印刷有限公司
初版一刷—二〇二五年七月二十五日
定　　價—新台幣四八〇元

時報文化出版公司成立於一九七五年，並於一九九九年股票上櫃公開發行，於二〇〇八年脫離中時集團非屬旺中，以「尊重智慧與創意的文化事業」為信念。

金牌的代價：歧視、飲食失調與自我懷疑，女性運動員的身心危機／芙妮．布朗(Tiffany Brown)／凱蒂．史提爾蒂（Katie Steele）／艾琳．斯特勞特（Erin Strout）著／林柏宏譯
---初版---臺北市：時報文化出版企業股份有限公司，2025.7
面；14.8×21公分.---(知識叢書1153)
譯自：The Price She Pays : Confronting the Hidden Mental Health Crisis in Women's Sports: from the Schoolyard to the Stadium
ISBN 978-626-419-633-8(平裝)
1.CST：女性　2.CST：運動員　3.CST：運動心理
4.CST：運動生理學　5.CST：運動傷害
528.9012　　114008318

THE PRICE SHE PAYS: Confronting the Hidden Mental Health Crisis in Women's Sports from the Schoolyard to the Stadium
By Tiffany Brown, Katie Steele and Erin Strout

ISBN 978-626-419-633-8　Printed in Taiwan